Leonardo Boff

Die Hoffnung bewahren

ZEITDIAGNOSEN

Band 72

LIT

Leonardo Boff

Die Hoffnung bewahren

Ostern leben inmitten der Krisen

Übersetzung von Bruno Kern

LIT

Umschlagbild:
Nadine Respondek, *RAGNARÖK* (mehrfarbiger Holzschnitt, 2011)

Titel der bei Editora Vozes Petrópolis (Bras.) 2023 erschienenen Originalausgabe: *Cuidar da Casa Comum*

Gedruckt auf alterungsbeständigem Werkdruckpapier entsprechend
ANSI Z3948 DIN ISO 9706

Bibliografische Information der Deutschen Nationalbibliothek
Die Deutsche Nationalbibliothek verzeichnet diese Publikation in der Deutschen Nationalbibliografie; detaillierte bibliografische Daten sind im Internet über https://dnb.dnb.de abrufbar.

ISBN 978-3-643-15447-7 (br.)
ISBN 978-3-643-35447-1 (PDF)

Verlagskontakt:
Fresnostr. 2 D-48159 Münster
Tel. +49 (0) 2 51-62 03 20
E-Mail: lit@lit-verlag.de https://www.lit-verlag.de

Auslieferung:
Deutschland: LIT Verlag, Fresnostr. 2, D-48159 Münster
Tel. +49 (0) 2 51-620 32 22, E-Mail: vertrieb@lit-verlag.de

Leonardo Boff

Die Hoffnung bewahren

Ostern leben inmitten der Krisen

Ich widme dieses Buch den Mitgliedern der Gemeinschaft des Instituto Conhecimento Liberta (ICL) und dessen Hauptimpulsgeber Eduardo Moreira. Dieses Institut schuf etwas in unserem Land ganz Unerhörtes. Es bot fast hundert Kurse gegen sehr niedrige Gebühren oder solidarische Finanzierung an. Darüber hinaus erarbeitet es mithilfe von Analytikern von höchster Qualität aus dem In- und Ausland politisch-ethische Stellungnahmen zur Situation der Welt und Brasiliens. Dies alles geschieht ohne irgendeine Propaganda oder Unterstützung vonseiten von Unternehmen.

Inhalt

Einleitung

Dieses Buch entsprang einem doppelten Empfinden, das der Schriftsteller und Historiker Romain Rolland so schön zum Ausdruck gebracht und das der italienische marxistische Philosoph Antonio Gramsci aufgegriffen hat. Beide bezeichneten sich als Pessimisten dem Verstande nach und als Optimisten dem Willen gemäß. Unser großer brasilianischer Schriftsteller Ariano Suassuna hat dies folgendermaßen auf den Punkt gebracht: „Ich bin ein Pessimist voller Hoffnung."

Betrachtet man den Lauf der Welt mit all seinen Widersprüchen, so bietet er Anlässe genug für einen *Pessimismus des Verstandes*: eine absurde Anhäufung von Reichtum neben Armut und Elend, deren Ursache er ist; Kriege in vielen Regionen der Welt mit zahlreichen Toten; die irreversiblen klimatischen Veränderungen, die Extremereignisse verursachen wie niemals zuvor gekannte Schneestürme auf der einen Seite und strenge Dürreperioden auf der anderen Seite; der Schwund der Artenvielfalt; die beschleunigte Überlastung der Erde, die uns die lebensnotwendigen Güter und Kapazitäten schon nicht mehr bereitstellt; die Zerstörung ganzer Ökosysteme und schließlich die Gefahr eines Atomkrieges, der dem menschlichen Leben mitsamt der Natur ein Ende bereiten kann. Dies sind nur einige Indizien.

Weder die großen Weisen noch die genialsten Experten der verschiedenen Wissenschaften noch die seriösesten Menschen einer religiösen Schau können uns das Schicksal des Lebens und des Planeten Erde vorhersagen. Wir befinden uns in einem Tunnel, dessen Ende wir nicht erkennen können, doch wir hoffen auf ein Licht, das uns den rettenden Ausweg zeigt.

Auf der anderen Seite ist die Hoffnung nicht totzukriegen. Sie ist eine dem Leben selbst innewohnende Energie des Willens zum Leben. Sie ist nicht nur eine Tugend neben anderen, sondern eine Quelle, aus der ständig kristallklares Wasser in Form neuer Träume, alternativer Projekte und lebbarer Utopien hervorsprudelt.

Diese lebbaren Utopien kommen niemals von oben. Von dort kommt nämlich immer nur dasselbe oder sogar noch Schlimmeres. Sie kommen von unten, aus der Mitte der Überlebenden der großen Drangsal. Sie sind es, die das Neue ins Werk setzen: eine neue gemeinschaftliche Produktionsweise biologischer Lebensmittel, solidarische Formen, die produzierten Güter zu teilen, eine inklusive Demokratie, an der alle teilhaben, einen achtsamen Umgang mit den Gemeingütern (*commons*) wie der Erde, dem Wasser, der Luft, den Regenwäldern, den Tieren – mit einem Wort: mit der ganzen Vielfalt der Arten, wobei man stets vom Territorium ausgeht, das ihnen echte Nachhaltigkeit gewährleistet.

Diese Initiativen sind es, die dem *Optimismus des Willens* eine Grundlage geben. Hier hat das Leben Vorrang vor dem Profit, die Solidarität wiegt mehr als der Wettbewerb, die Erhaltung der Natur verhindert deren Zerstörung, die Teilhabe aller besiegt den Individualismus, eine sozio-ökologische Demokratie löst eine bloß repräsentative ab. Die Erde wird als lebendiger Großorganismus, als Gaia, verstanden, die uns, wenn wir sorgsam mit ihr umgehen, alles gibt, was wir zum Leben brauchen. Und diese Auffassung überwindet ein bloß utilitaristisches Verhältnis zu ihr, als wäre ihr kein Sinn eingestiftet und als stünde sie uns und unserer willkürlichen Laune zur Verfügung. Solidarität, Respekt, Gemeinschaft und Wertschätzung einer jeden Seinsform, weil sie einen Wert in sich birgt und weil alles, was existiert und lebt, es wert ist, mit uns zusammen da zu sein: Dies sind die vorherrschenden Tugenden.

Pessimismus und Optimismus treffen aufeinander. Wir befinden uns im Morgenlicht, im Halbdunkel, in dem sich die Finsternis mit dem gerade hervorbrechenden Licht vermischt, in der Hoffnung, dass eine unwiderstehliche Sonne diese Finsternis verscheucht, unsere Wege erleuchtet, die wir bereits eingeschlagen haben und die das bedrohte Leben auf diesem Planeten in Sicherheit bringen. Dies wäre der Sieg des Optimismus des Willens über den Pessimismus des Verstandes.

In diesem Geist entfalte ich meine Gedanken, die einerseits pessimistisch sind angesichts der Sackgasse, in die wir geraten sind, andererseits optimistisch, da sich neue Horizonte erschließen und da Samenkörner des Neuen bewahrt werden konnten, die alles in sich enthalten: die Wurzel, den Stamm, die Zweige, die Blätter, die Blüten und die Früchte, mit einem Wort: die hoffnungsvolle Zukunft, eine neue Phase des Planeten Erde, der Geschichte des Lebens und des Abenteuers Mensch.

Stets gilt für uns das heilige Erbe, das wir vom Besten der Menschen, die auf dieser Erde pilgerten, empfangen haben, dem Menschensohn, der sich als Sohn Gottes offenbarte und uns sagte: „Ich bin gekommen, um das Leben zu bringen, das Leben in Überfülle." (Joh 10,10) Und die Weisheitstradition des letzten Jahrhunderts vor Christus überlieferte uns die folgenden Worte unendlicher Hoffnung: „Ja, du liebst alle Wesen, und du verachtest nichts, was du gemacht hast. Würdest du etwas hassen, dann hättest du es nicht geschaffen ... du schonst alle, denn sie gehören dir an, du souveräner Liebhaber des Lebens." (Weish 11,24–26).

Die in diesem Buch enthaltenen Überlegungen wollen den Optimismus des von Hoffnung erfüllten Willens stärken, sodass er die Oberhand behält über den verzweifelten Pessimismus des Verstandes.

I. Das Gemeinsame Haus bauen

Das Ende der Nationalstaaten und die Herausforderung, das Gemeinsame Haus zu errichten

Mit dem Ende des Dreißigjährigen Krieges (1618–1648), eines Religionskrieges, der schließlich mit den insgesamt elf Verträgen des Westfälischen Friedens beigelegt wurde, entstand eine neue internationale Ordnung durch das Entstehen und die Souveränität der Nationalstaaten – eine Ordnung, die bis heute in Kraft ist.

Doch diese Konstellation scheint zunehmend überholt zu sein. Zwei Tatsachen führen uns dies klar vor Augen: der Prozess der Globalisierung und ein international abgestimmtes Handeln (*global governance*), wie es die Covid-19-Pandemie erforderlich machte.

Die Globalisierung ist eine Tatsache und darf nicht nur auf die Ökonomie reduziert werden. Sie umfasst einen politischen, kulturellen, ideologischen, ethischen und spirituellen Aspekt. Sie leitet eine neue Phase der Erde und der Menschheit selbst ein.

Nach und nach kehren die Völker, die sich im Exil befanden (denn alle haben ihren Ursprung auf dem afrikanischen Kontinent) zurück, um im einzigen Gemeinsamen Haus, der Erde, wieder zueinander zu finden. Wie gestaltet man ein Zusammenleben angesichts der Besonderheiten einer jeden Kultur und der verschiedenen Nationalstaaten? Bis heute hat man auf diese Herausforderung keine Antwort gefunden.

Diese Herausforderung einer *globale governance* gewann mit der Ausbreitung des Covid-19-Virus, von dem die gesamte Menschheit betroffen war, an Dringlichkeit. Ein globales Problem erfordert eine globale Lösung, die diesem globalen Problem gerecht werden und von einer in sich pluralen Entscheidungsinstanz gefunden werden muss. Man hat klar erkannt, dass sich die Kategorie „Nationalstaat“ als unzulänglich und nicht mehr zeitgemäß erweist. Alle müssten vielmehr zusammenarbeiten, um ein kollektives Problem zu lösen, und es dürfte nicht, wie es bislang der Fall war, ein jeder auf seine Art vorgehen und dabei sein Privileg ausnutzen, reicher zu sein als die anderen, und damit die übrigen, ärmeren, in eine Randposition abdrängen. Was sich als notwendig aufdrängt, ist ein globales politisches Gestalten, das über die UNO hinaus verweist, denn deren Grundlage ist eine überholte Phase der Geopolitik, wie sie aus dem Zweiten Weltkrieg hervorgegangen ist.

In der UNO genießen einige Nationen das Privileg des Veto-Rechts und verhindern so ein echtes weltweites Handeln, das alle Nationen berücksichtigt. Ein solches wird umso dringlicher, da praktisch alle Probleme, insbesondere die wirtschaftlichen (Reichtum und Armut) und die ökologischen (globale Erwärmung), globale Lösungen erfordern, wenn wir nicht große soziale und planetarische Katastrophen gewärtigen wollen. Es ist zwingend notwendig, die Erde als Gemeinsames Haus aufzubauen, in dem alle ihren Platz finden, einschließlich der Natur.

Ein Werbespot auf einem Fernsehkanal zeigt eine ethnisch bunt zusammengesetzte Gruppe, die singt: „Mein Vaterland ist die Erde.“ Hier offenbart sich ein neues Bewusstseinsstadium, das die konventionelle Vorstellung von Vaterland und Nationalstaat hinter sich lässt. Diese immer noch herrschende Phase gehört einer anderen historischen Epoche mit seinem entsprechenden Bewusstseinsstand an. Nun aber haben wir es mit einer neuen Sachlage zu tun: Wir entdecken die Erde als Planeten, der die Nationalstaaten und die ausschließende Behauptung der nationalen Identitäten überwindet. Wir müssen zu planetarischen Bürgern, zu Bauleuten des Gemeinsamen Hauses werden.

Etliche hunderttausend Jahre hielt sich die Gattung Mensch in Afrika auf. Deshalb sind wir in gewisser Weise alle Afrikaner. Dann verließ der Mensch diesen Kontinent und eroberte den gesamten

Erdkreis, indem er Siedlungen, Städte und ganze Zivilisationen aufbaute. Fernão de Magalhães umsegelte die Erde innerhalb von drei Jahren (1519–1522) und wies empirisch nach, dass sie tatsächlich rund und nicht flach ist, wie es einer heue noch herrschenden obskuren Meinung entspricht. Nach dem Auszug und der Ausbreitung der Gattung Mensch kam die Zeit der Rückkehr und der Konzentration, der Heimkehr aus dem großen Exil. Alle Völker befinden sich an einem einzigen Ort: auf dem Planeten Erde. Wir entdecken, dass wir als Menschen jenseits der Nationalitäten und der unterschiedlichen Ethnien eine einzige Spezies neben anderen Arten der großen Gemeinschaft des Lebens bilden.

Mit Mühe lernen wir immer noch, miteinander zu leben und die Unterschiede anzunehmen, ohne dabei zuzulassen, dass aus ihnen Ungleichheiten werden. Es ist wichtig, den von den Nationen und Ethnien im Lauf der Zeit erworbenen Reichtum anzuerkennen. In ihm werden die verschiedenen Weisen sichtbar, wie man Mensch sein kann. Die gegenwärtige Herausforderung aber ist neu und sie hat es in dieser Form noch nicht gegeben: Sie besteht im Aufbau der Erde als eines Gemeinsamen Hauses. Es wächst das Bewusstsein, dass Erde und Menschheit ein gemeinsames Geschick miteinander teilen. Xi Jinping, der Staatspräsident der Volksrepublik China, hat es gut zum Ausdruck gebracht: Wir haben die Pflicht, das „gemeinsame Schicksal der gesamten Menschheit" zu gestalten. Und Papst Franziskus schlägt in seiner Enzyklika *Fratelli tutti* einen neuen weltweiten Pakt zwischen allen Nationen als ein gemeinsames Projekt vor, das auf universaler Geschwisterlichkeit und sozialer Liebe beruht.

Der Erfolg dieser Aufbauarbeit wird uns eine Welt des Friedens bescheren, der ja eines der von allen am meisten ersehnten Güter ist. Genau dieser Friede fehlt uns gegenwärtig. Ganz im Gegenteil erleben wir zurzeit todbringende regionale Konflikte und einen totalen Krieg gegen Gaia, die lebendige Erde, unsere Mutter. Sie wird von allen Seiten angegriffen, sodass sie schließlich ihren Unmut darüber in Form der globalen Erwärmung, in Form von Viren und in Gestalt der Erschöpfung ihrer Güter und Fähigkeiten (Überlastung der Erde) zeigt, ohne die das Leben selbst in Gefahr gerät.

In diesem Zusammenhang sollten wir uns einem Klassiker des westlichen Denkens, dem Philosophen Immanuel Kant († 1804) wieder zuwenden. Er ist einer der Ersten, die eine Weltrepublik ins Auge fassten, obwohl er niemals aus seiner Stadt Königsberg in Deutschland (heute eine russische Exklave) hinausgelangt ist. Diese Weltrepublik hat nur Bestand, wenn es uns gelingt, einen „ewigen Frieden" zu etablieren. So trägt denn auch sein entsprechender Essay aus dem Jahr 1795 den Titel *Zum ewigen Frieden*.

Dieser ewige Friede ruht ihm zufolge auf zwei Säulen auf: dem Weltbürgertum und der Respektierung der Menschenrechte.

Dieses Weltbürgertum findet seinen Ausdruck in erster Linie durch die „allgemeine Gastfreundschaft". Denn – so schärft uns Kant ein – alle Menschen haben das Recht, auf der Erde zu sein und deren Regionen mitsamt den dort lebenden Völkern zu besuchen. *Die Erde gehört allen gemeinsam*.

Gegenüber den Pragmatikern der Politik, die im Allgemeinen wenig sensibel für den ethischen Sinn innerhalb der sozialen Beziehungen sind, betont er: „... die Idee eines Weltbürgerrechts [ist] keine fantastische und überspannte Vorstellungsart des Rechts, sondern eine notwendige Ergänzung des ungeschriebenen Kodex sowohl des Staats- als Völkerrechts zum öffentlichen Rechte überhaupt ..." Wenn wir dauerhaften Frieden wollen und nicht nur einen Waffenstillstand oder eine bloß momentane Befriedung, dann müssen wir die Gastfreundschaft leben und die Menschenrechte respektieren.

Die andere Säule wird von den universalen Rechten gebildet. Einer schönen Formulierung Kants zufolge sind diese der „Augapfel Gottes" und „das Heiligste, was Gott auf Erden hat". Das Respektieren dieser Rechte lässt eine Gemeinschaft des Friedens und der Sicherheit entstehen, die „dem gesetzlosen Zustande, der lauter Krieg enthält", ein für allemal ein Ende setzt (Kant 1984, 24. 14. 18. 20).

Die Herrschaft des Rechts und die Verbreitung des Weltbürgertums, das in der Gastfreundschaft seinen Ausdruck findet, müssen eine Kultur der Rechte und des Friedens hervorbringen und auf diese Weise tatsächlich die “Gemeinschaft der Völker” herstellen. Das Bewusstsein dieser Gemeinschaft der Völker kann – so betont Kant – in dem Maße wachsen, in dem die Verletzung eines Rechts an einem Ort an allen Orten empfunden wird. Später wird genau dies Ernesto Che Guevara auf seine Weise wiederholen.

Diese ethisch-politische Vision Kants wurde zur Grundlage eines bis dahin nie gekannten Paradigmas der Globalisierung und des Friedens. Der Friede geht aus der Einhaltung des Rechts und der juridisch ausgestalteten und institutionalisierten Zusammenarbeit aller Nationen und Völker hervor.

Ganz anders stellt sich die Sichtweise von Thomas Hobbes († 1679), einem anderen Staatstheoretiker und Vordenker der Globalisierung, dar. Für ihn ist der Friede ein negativer Begriff und meint die Abwesenheit von Krieg und das Gleichgewicht der Einschüchterung zwischen den Staaten und Völkern. Diese Sichtweise legt die Grundlagen für das Paradigma des Friedens und der Globalisierung, das auf der Macht des Stärkeren beruht, der sich den anderen aufzwingt. Dieses Paradigma war bis heute vorherrschend. Es führte zum nordamerikanischen Mythos des *manifest destiny* (der „offensichtlichen Bestimmung“), auf den sich die Präsidenten stets beriefen. Diesem Mythos zufolge wären die USA das neue „auserwählte Volk“, das der Welt die Demokratie, die Freiheit, die Menschenrechte und den obersten Wert des Individuums bringt.

Das Mantra lässt sich in folgenden drei Punkten zusammenfassen: eine Welt und ein einziges Imperium; eine militärische und wirtschaftliche Präsenz, die sich auf alle geografischen Räume erstreckt; die Destabilisierung aller Regierungen, die dem widerstehen oder diese Imperative der Herrschaft ablehnen.

Anlässlich der Attentate auf ihrem eigenen Territorium entschlossen sich die USA, den Terrorismus mittels Staatsterrorismus zu bekämpfen. Dies ist die bedrohliche Rückkehr des Staates im Sinne des Leviathan, des Todfeinds jeglicher Friedensstrategie. Innerhalb dieser Logik gibt es keine Zukunft für den Frieden oder für die Menschheit überhaupt.

Heute haben wir es mit folgendem Szenario zu tun: Wenn die nuklearen Waffenarsenale aufgrund der Verrücktheit eines Regierenden oder aufgrund einer sich verselbstständigenden Künstlichen Intelligenz aktiviert werden, so könnte dies das Ende der Spezies Mensch bedeuten. *Et tunc erat finis*. Werden wir noch genug Zeit und die Weisheit haben, um die seit Jahrhunderten etablierte Logik des Systems zu korrigieren, der die Anhäufung materieller Güter mehr bedeutet als das Leben? Es kommt auf uns und darauf an, wie die Erde selbst reagiert.

Wir müssen zu Kants Idealvorstellung von einer Weltrepublik zurückkehren, die im Sinne der Erd-Charta ([4]2003) als „unsere Heimat" oder, wie Papst Franziskus dies in seiner Enzyklika *Laudato si'. Über die Sorge für das gemeinsame Haus* (2015) formuliert, als „gemeinsames Haus" ausgestaltet wird. Wenn wir uns dafür eingesetzt hätten, dieses heilbringende Projekt in Angriff zu nehmen, dann wiese die Erde ein genügendes Maß an Resilienz, an elastischer Widerstandsfähigkeit und an der nötigen Nachhaltigkeit auf, um alle erlittenen Attacken zu überwinden und uns weiterhin alles bereitzustellen, was wir brauchen, um auf diesem kleinen und wunderbaren Planeten zu leben.

Nur ein anderes zivilisatorisches Paradigma wird das Leben und die Zivilisation retten

Ich komme direkt zur Sache und stelle die Frage: Ist innerhalb des derzeit herrschenden zivilisatorischen Paradigmas der Moderne eine andere politische, soziale und wirtschaftliche Agenda möglich oder stoßen wir an dessen unverrückbare Grenzen und müssen wir ein neues zivilisatorisches Paradigma suchen, wenn wir weiter auf diesem Planeten leben wollen?

Meine Antwort auf diese Frage stützt sich auf drei Behauptungen, die große Autorität für sich in Anspruch nehmen können:

Die erste entstammt der *Erd-Charta*, die sich die UNESCO im Jahr 2003 zu eigen machte. Ihre einleitenden Sätze klingen apokalyptisch:

> Wir stehen an einem kritischen Punkt der Erdgeschichte, an dem die Menschheit den Weg in ihre Zukunft wählen muss. [...] Wir haben die Wahl: Entweder bilden wir eine globale Partnerschaft, um für die Erde und füreinander zu sorgen, oder wir riskieren, uns selbst und die Vielfalt des Lebens zugrunde zu richten. (Erd-Charta ^{4}2003, 7–8).

Die zweite, scharf formulierte Aussage stammt aus der Enzyklika *Fratelli tutti* (2020) von Papst Franziskus: Er sagt darin, dass wir „als weltweite Gemeinschaft in einem Boot" sitzen und „dass keiner sich allein retten kann" (*Fratelli tutti*, 32).

Die dritte Aussage stammt vom großen Historiker Eric Hobsbawm, näherhin aus seinem Buch *Das Zeitalter der Extreme*. Hier heißt es:

> „Wir wissen nicht, wohin wir gehen ... Doch Eines steht völlig außer Frage: Wenn die Menschheit eine erkennbare Zukunft haben soll, dann kann sie nicht darin bestehen, dass wir die Vergangenheit oder Gegenwart lediglich fortschreiben. Wenn wir versuchen, das dritte Jahrtausend auf dieser Grundlage zu bauen, werden wir scheitern. Und der Preis für dieses Scheitern, die Alternative zu einer umgewandelten Gesellschaft, ist Finsternis." (Hobsbawm 1998, 720)

Mit anderen Worten: Unsere Art und Weise, die Erde zu bewohnen, mag sie uns auch zweifellos viele Vorteile verschaffen, führt zu deren Erschöpfung. Alle Warnlichter blinken rot. Wir haben das *Prinzip der Selbstzerstörung* geschaffen und können alles Leben mittels chemischer, biologischer, atomarer Waffen und auf vielfache andere Weise auslöschen. Technik und Wissenschaft haben uns bis an die äußerste Grenze dessen gebracht, was der Planet Erde aushalten kann (Erdüberlastung). Die Techno-Wissenschaft ist aus sich selbst heraus nicht in der Lage, uns zu retten, wie die Covid-19-Pandemie gezeigt hat. Wir können die Zähne des Wolfs abfeilen und uns in der Illusion wiegen, wir hätten ihn seiner Wildheit beraubt. Doch diese Wildheit entspringt nicht seinen Zähnen, sondern seinem inneren Wesen selbst, seiner Wolfsnatur. Es ist zwingend notwendig, dass die Bewohner der Erde dieser helfen, ihr Gleichgewicht und ihre Fähigkeit, Leben hervorzubringen, wiederzuerlangen. Andernfalls steht das Leben selbst auf dem Spiel. Deshalb brauchen wir ein neues Paradigma, das der Natur gegenüber wohlgesinnt ist. Wir brauchen eine Ethik der Achtsamkeit und müssen ein affektives Verhältnis der Verbundenheit mit der Erde und allen auf ihr existierenden Seinsformen entwickeln.

Wir müssen also unser Schiff verlassen und eine neue weltweite Tagesordnung etablieren. Wir sind am Ende des Weges angelangt. Wir müssen einen anderen Weg einschlagen. Andernfalls würden wir uns lediglich in den Leichenzug derer einreihen, die zu ihrem eigenen Begräbnis schreiten. Wenn wir leben wollen, dann müssen wir uns neu erfinden und ein neues Paradigma der Zivilisation schaffen.

Zwei Paradigmen: das des dominus, des Herrn, und das des Bruders und der Schwester

Aus meiner Sicht stehen sich zwei Paradigmen gegenüber: das Paradigma des *dominus* und das Paradigma des *frater*. Anders ausgedrückt geht es um das herrschende Paradigma der Eroberung, des Willens zur Macht im Sinne von Herrschaft, wie es von den Gründergestalten der Moderne formuliert wurde und in der Beherrschung von allem mündet: der Völker wie in Amerika, Afrika und Asien, der Klassen, der Natur, des Lebens, der Materie bis in ihre kleinsten subatomaren Teilchen hinein wie dem Boson Higgs.

Der Mensch, der von René Descartes als *maître et possesseur*, das heißt als Meister und Besitzer, beschrieben wird, empfindet sich nicht als Teil der Natur, sondern als deren Herr und Gebieter (*dominus*), der Francis Bacon zufolge die Natur auf die Folter spannen muss, um aus ihr alle Geheimnisse herauszupressen, so wie es der Folterknecht mit seinem Opfer tut. Bacon ist immerhin der Begründer der wissenschaftlichen Methode der Moderne, wie sie bis heute vorherrscht.

Dieses Paradigma begreift die Erde lediglich als *res extensa* (Descartes), ohne ihr eingestifteten Sinn, die zu einem Behälter von Ressourcen wurde, die man für unendlich hielt und die ein ebenfalls unendliches Wachstum („Entwicklung“) ermöglichen sollten. Heute wissen wir, gestützt auf wissenschaftliche Erkenntnisse, dass ein endlicher Planet kein auf Unendlichkeit angelegtes Projekt erträgt. Darin besteht die große Krise des Kapitals als Produktionsweise und des Neoliberalismus als dessen politischer Ausdrucksgestalt.

Das andere Paradigma ist das des *frater*, der Geschwisterlichkeit: des Bruders und der Schwester aller Menschen untereinander und aller übrigen Seinsformen der Natur. Alle Lebewesen verfügen, wie Dawson und Crick in den Fünfzigerjahren des 20. Jahrhunderts zeigten, über dieselben zwanzig Aminosäuren und die vier Basen, die die DNA bilden – angefangen von der ersten Zelle, die vor 3,8 Milliarden Jahren entstand, über die Dinosaurier bis hin zu uns Menschen. Deshalb betont der Papst mit Nachdruck in seinen beiden genannten Enzykliken *Fratelli tutti* und *Laudato si'* das, was auch die Erd-Charta beschreibt:

> Alles ist aufeinander bezogen, und alle Menschen sind als Brüder und Schwestern gemeinsam auf einer wunderbaren Pilgerschaft, miteinander verflochten durch die Liebe, die Gott für jedes Geschöpf hegt und die uns auch in zärtlicher Liebe mit „Bruder Sonne“ und „Schwester Mond“, Bruder Fluss und Mutter Erde vereint. (*Laudato si'*, 92).

Der Mensch empfindet sich als ein Teil der Natur, und er ist vom selben Ursprung wie die übrigen Lebewesen. Er entstammt dem *humus* (der fruchtbaren Erde). Von diesem Wort leitet sich ja auch das lateinische Wort für Mensch, *homo*, ab, der in weiblicher und männlicher Gestalt existiert.

Während innerhalb des ersten Paradigmas Eroberung und Herrschaft den Ton angeben (Paradigma Alexander der Große und Hernán Cortéz), treten im zweiten die Achtsamkeit und die gemeinsame Verantwortung aller für alle in Erscheinung (Paradigma Franz von Assisi und Mutter Teresa von Kalkutta).

Bildlich gesprochen können wir sagen: Das Paradigma des *dominus* ist die geballte Faust, die die Erde unterwirft. Das Paradigma des *frater* hingegen ist die ausgestreckte Hand, die sich mit anderen Händen vereint zur Liebkosung und Sorge für alle Dinge, auf die es so entscheidend ankommt.

Das Paradigma des *dominus* hat die Vorherrschaft und ist der Ursprung unserer vielfachen Krisen auf allen Gebieten. Das Paradigma des *frater* ist im Entstehen begriffen und Ausdruck der größten Sehnsucht der Menschheit, insbesondere jener Bevölkerungsmehrheiten weltweit, die erbarmungslos beherrscht, an den Rad gedrängt und zum vorzeitigen Tod verurteilt werden. Doch es birgt in sich die Kraft eines Samenkorns. Wie in jedem Samenkorn sind in ihm die Wurzeln, der Stamm, die Äste, die Blätter, die Blüten und die Früchte bereits enthalten. Deshalb ist es von Hoffnung durchdrungen, von Hoffnung eher im Sinne eines Prinzips und nicht so sehr im Sinne einer Tugend, einer Hoffnung als jener unbezwingbaren Energie, die stets neue Träume, neue Utopien und neue Welten entwirft, das heißt, die uns neue Wege in Richtung neuer Formen beschreiten lässt, die Erde zu bewohnen, zu produzieren, die Früchte der Natur und der Arbeit zu verteilen, zu konsumieren und Bande der Geschwisterlichkeit zwischen den Menschen und den übrigen Lebewesen der Natur herzustellen.

Der Übergang von einem Paradigma des dominus zum Paradigma des frater

Hier stellt sich das dornige Problem des Übergangs von einem Paradigma zum anderen. Er wird sich in Gestalt eines Prozesses vollziehen, innerhalb dessen wir mit einem Bein im alten Paradigma des *dominus* und der Eroberung stecken, da wir ja unser Fortbestehen sichern müssen, mit dem anderen Bein aber bereits beim neuen Paradigma des *frater* und der Achtsamkeit angelangt sind, um es von unten her wirksam werden zu lassen. Hier müsste man verschiedene Voraussetzungen diskutieren, doch dafür ist hier nicht der Platz. Doch eines können wir hervorheben: Was die Bearbeitung des

Bodens betrifft, könnte der Bioregionalismus das neue Paradigma des *frater* und der Achtsamkeit auf nachhaltige Weise regional verankern, denn er verfügt über das Potenzial, alle mit einzubeziehen sowie mehr soziale Gleichheit und ein ökologisches Gleichgewicht zu schaffen (vgl. dazu Hathaway / Boff 2021, 507–516).

Unsere große Herausforderung besteht in Folgendem: Wie finden wir den Übergang von einer *kapitalistischen Gesellschaft* der Überproduktion materieller Güter zu einer *Gesellschaft der Erhaltung* allen Lebens, deren unaufhebbare menschlich-spirituellen Werte die Liebe, die Solidarität, das Mitleid, das rechte Maß, der Respekt und der achtsame Umgang vor allem mit den am meisten Verletzlichen sind?

Das Entstehen einer Biozivilisation

Diese neue Zivilisation hat einen Namen: Es handelt sich um eine *Biozivilisation*, deren Zentrum das *Leben in all seiner Vielfalt*, vor allem aber das persönliche und gemeinschaftliche menschliche Leben, bildet. Die Wirtschaft, die Politik und die Kultur werden im Dienst der Aufrechterhaltung und der Entfaltung der Möglichkeiten stehen, die in allen Lebensformen vorhanden sind.

Die Zukunft des Lebens auf der Erde und das Schicksal unserer Zivilisation liegen in unseren Händen. Wir haben nur wenig Zeit, um die notwendigen Veränderungen ins Werk zu setzen, denn wir treten bereits in eine neue Phase der Erde ein, die als Folge der zunehmenden Erwärmung von neuen klimatischen Verhältnissen geprägt ist. Noch mangelt es bei den Staatschefs am Bewusstsein hinsichtlich des ökologischen Alarmzustands, und auch innerhalb der Menschheit insgesamt ist dieses Bewusstsein nur sehr schwach entwickelt. Wenn wir uns das neue Paradigma der universalen Geschwisterlichkeit und der sozialen Liebe nicht zu eigen machen, dann laufen wir Gefahr, zu spät zu kommen und Zeugen von Tragödien zu werden, die die Biosphäre und insbesondere die Spezies Mensch schwer beeinträchtigen können. Doch wir hegen die Hoffnung, dass das eintritt, was der deutsche Dichter Friedrich Hölderlin gesagt hat: „Wo aber Gefahr ist, wächst das Rettende auch."

Das rechte Maß als Garant des Lebens und des Planeten Erde

Das rechte Maß ist ein universaler Wert, der in allen Kulturen anzutreffen ist und der einen der wichtigsten Topoi aller ethischen Wege bildet. Es ist an den Toren von Tempeln und öffentlichen Gebäuden in Ägypten, in Griechenland, im Römischen Reich und anderswo eingemeißelt. Die Tugend des rechten Maßes ist der Mittelweg, das „nicht zu viel und nicht zu wenig" und die richtige Dosis. Es widersetzt sich jeglicher Übertreibung und jeglichem übertriebenen Ehrgeiz, jeglicher Anmaßung (auf Griechisch: *hybris*). Es empfiehlt die Selbstbeherrschung, die Fähigkeit des Loslassens und des Verzichts.

Ich bin davon überzeugt, dass eine der Hauptursachen für das gegenwärtige Chaos das Fehlen des rechten Maßes ist. Seine Folgen sind: das mangelnde Gleichgewicht des Planeten Erde, die Schädigung fast aller Ökosysteme, die globale Erwärmung, die unumkehrbar neue, heißere klimatische Verhältnisse mit sich brachte. Letzteres äußert sich in Gestalt von Extremwetterereignissen im weltweiten Maßstab. Dazu gesellen sich die Ausbreitung verschiedener Viren, von denen das schlimmste das Corona-Virus ist, das Millionen Menschenleben ausgelöscht hat, der Ausbruch von Kriegen in 18 verschiedenen Regionen der Erde, insbesondere des tödlichen Krieges zwischen Russland und der Ukraine, hinter dem die NATO und die USA stehen.

Dieses Fehlen des rechten Maßes ist dem Paradigma der Moderne zuinnerst eingeschrieben, das im 17. und 18. Jahrhundert von deren Gründungsvätern Galileo Galilei, Isaac Newton, Francis Bacon und anderen formuliert wurde. Für sie hat das Strukturprinzip der im Aufbau befindlichen neuen Welt den Willen zur Macht zur Grundlage, wie er bereits von Friedrich Nietzsche formuliert und von der Frankfurter Schule kritisch analysiert wurde. Diesem neuen

Paradigma zufolge begreift sich der Mensch als Meister und Gebieter über die Natur, wie Descartes formulierte. Er empfindet sich nicht als Teil alles Natürlichen. Diese Natur hat keinen Wert an sich selbst und birgt keinerlei Sinn in sich, sie ist lediglich in dem Maße sinnvoll, als sie auf den Menschen hingeordnet ist, der sie nach seinem Gutdünken behandelt.

Unter dem Vorzeichen dieses Paradigmas wurde der Bruch mit jeglichem rechten Maß vollzogen. Die europäischen Länder lebten den Willen zur Macht aus und beherrschten ganze Völker in Lateinamerika, Afrika und in Teilen Asiens. Sie übten Herrschaft über die Natur aus, indem sie in uneingeschränkter Weise ihre Güter entnahmen und sich ihrer Fähigkeiten bedienten. Sie beherrschten die Materie bis in die kleinsten Teilchen des subatomaren Bereichs hinein. Sie beherrschten das Geheimnis des Lebens, den genetischen Code und die Gene. All dies wurde in rasender Begierde und ohne Sinn für das rechte Maß ins Werk gesetzt.

Dies brachte zahlreiche und unbeschreibliche Vorteile für das Leben der Menschen mit sich. Doch da die Menschen das rechte Maß außer Kraft setzten, schufen sie das Prinzip der Selbstzerstörung mit jeglicher Art von Waffen bis zu dem Punkt, dass kein lebendiger Mensch mehr übrig bliebe, um davon zu berichten, wenn diese Waffen zum Einsatz kämen.

Um nicht in abstrakter Begrifflichkeit zu verharren, will ich ein konkretes Beispiel anführen. Von der Ausbreitung des Covid-19-Virus waren nur die Menschen und nicht die übrigen Lebewesen betroffen. Sie ist die direkte Folge des Willens zur Macht, der systematischen Aggression unserer Art und Weise, den Planeten zu bewohnen, indem wir die natürlichen Lebensräume der Viren zerstören. Ohne ihre ökologischen Nischen drangen sie zum Menschen vor und brachten den Tod von Millionen von Menschen mit sich. Es fehlte uns also das rechte Maß zwischen dem notwendigen Eingreifen in die Natur, um uns das zum Leben Notwendige zu sichern, und dem übertriebenen Ehrgeiz, ihre Güter und Fähigkeiten über Gebühr auszubeuten, mit dem Ziel der Anhäufung materieller Güter und der Bereicherung.

Auf diese Weise verlor die lebendige Erde ihr dynamisches Gleichgewicht und richtete mittels des Corona-Virus einen Appell an uns, das rechte Maß einzuhalten. Es ist eine Botschaft der Achtsamkeit, der Selbstbeherrschung und der Überwindung jeglicher Übertreibung. Dies war der Sinn der Einschränkungen des sozialen Miteinanders, des Tragens von Schutzmasken und der Dringlichkeit der notwendigen Impfungen. Alles scheint jedoch darauf hinzudeuten, dass wir die Lektion nicht gelernt haben, denn die große Mehrheit der Menschen kehrte zur alten Normalität zurück.

Gut hat dies der italienische marxistische Philosoph Antonio Gramsci zum Ausdruck gebracht: „Die Geschichte ist eine Lehrmeisterin, doch sie hat praktisch keine Schüler." Jedenfalls bleibt uns die Lektion, dass wir in allem das rechte Maß berücksichtigen müssen, dass wir allen Dingen gegenüber ein freundschaftliches und rechtes Verhältnis pflegen müssen, wenn wir dem menschlichen Leben und unserer Zivilisation eine Zukunft sichern wollen.

Wenden wir uns direkt der grundlegenden Frage zu: Die unmittelbarste und am deutlichsten sichtbare Ursache des Bruchs mit dem rechten Maß ist der Kapitalismus als Produktionsweise und der Neoliberalismus als seine politische Ausdrucksform. Das Mantra beider ist hinlänglich bekannt: Der Profit geht über alles, die Konkurrenz ist der Motor, die obersten Werte sind die grenzenlose Ausbeutung der natürlichen Ressourcen, der Individualismus, die flexible Handhabung der Gesetze, um ungehindert den Willen zur Herrschaft und Bereicherung durchsetzen zu können.

Wenn wir diesen Mantras Folge geleistet hätten, dann wäre ein großer Teil der Menschheit schwer beeinträchtigt, wenn nicht gar verschwunden. Was uns gerettet hat, war, dass wir dem Leben, der gegenseitigen Abhängigkeit aller, der Solidarität, der Sorge um die Natur und den Gesetzen und Normen den zentralen Stellenwert einräumten, die die Oligopole, welche die Armut eines großen Teils der Menschheit hervorbringen, in ihre Schranken weisen.

Zu dieser alles entscheidenden Frage, in der es um Leben und Tod geht, habe ich bereits ein Buch geschrieben, das das Ergebnis einer breit angelegten Forschungsarbeit ist, aber dennoch in einer möglichst allen zugänglichen Sprache formuliert ist, damit alle ermessen können, von welch schwerwiegender Bedeutung das Fehlen des rechten Maßes im persönlichen Leben, für die Gemeinschaften, für die Gesellschaft, für die Regierungen, für die Wirtschaft, für die Kultur und für unser Verhältnis zur Natur, letztlich zur Erde, ist. Es erschien auf Deutsch unter dem Titel *Die Suche nach dem rechten Maß* (2023). Ich habe es weitgehend narrativ gestaltet, auf Erzählungen und Mythen zurückgegriffen, in denen es um das rechte Maß geht. Anknüpfend daran habe ich Reflexionen angestellt, um zu den Ursachen vorzudringen, die uns des rechten Maßes oder des relativen Optimums verlustig gehen ließen.

Dem Buch insgesamt liegt die bange Frage zugrunde: Ist es möglich, das rechte Maß innerhalb dieses kapitalistischen und neoliberalen Systems zu leben, das sich heute über den ganzen Globus ausgebreitet hat? Mit einem gewissen Maß an Hoffnung gab ich die Antwort, dass es sehr wohl möglich ist, vorausgesetzt, wir lassen eine Kultur der Übertreibung hinter uns und gehen zu einer Kultur des rechten Maßes über, indem wir eine neue Art und Weise entwickeln, die Erde zu bewohnen, und uns als Teil von ihr sowie als Geschwister aller übrigen Lebewesen empfinden. In der Sprache, derer sich Papst Franziskus in seiner Enzyklika *Fratelli tutti* bedient, geht es darum, den Übergang zu bewerkstelligen vom *dominus* (Gebieter) der Natur zum *frater* (dem Bruder oder der Schwester), zur Geschwisterlichkeit untereinander und einem geschwisterlichen Verhältnis zu den übrigen Lebewesen.

Hierfür kommt es auf eine Ethik des rechten Maßes auf persönlicher und gemeinschaftlicher Ebene, in der Politik und in der Wirtschaft, in der Pädagogik und in der Spiritualität an.

Entweder wir organisieren unsere Gesellschaft innerhalb der Grenzen des Planeten Erde und leben in allem das rechte Maß oder wir setzen die Zukunft unseres Lebens und des Lebens der übrigen Spezies auf der Erde aufs Spiel.

Inmitten der herrschenden Barbarei die Hoffnung bewahren

Innerhalb der Geschichte gibt es kein Problem, für das es nicht auch eine Lösung gäbe. Dies gilt auch für die aktuelle kritische Weltlage. Doch zuvor müssen wir uns mit Hoffnung und Mut wappnen. Sie sind die ursprünglichen Quellen neuer Projekte und rettender Utopien. Betrachten wir die Frage der Utopie näher.

Das utopische Denken wiedererlangen

Mitten in der Verzweiflung, die die Welt nach der Stürmung des nordamerikanischen Parlamentsgebäudes und der Verwüstung der Gebäude der drei Gewalten der brasilianischen Republik (Senat, Abgeordnetenhaus und Justiz) am 8. Januar 2023 durch fanatische Anhänger des Expräsidenten Bolsonaro ergriffen hat, ist es dringend an der Zeit, den Sinn von Demokratie und Rechtsstaat wieder zur Geltung zu bringen. Grundsätzlicher noch kommt es darauf an, die Utopie und die Kraft, die sie entfaltet, um die in der Welt herrschende Barbarei zu überwinden, wieder ins Recht zu setzen.

Wir leben in der Tat inmitten einer zivilisatorischen Krise planetarischen Ausmaßes. Jede Krise birgt in sich Chancen der Veränderung ebenso wie Risiken des Scheiterns. In der Krise vermengen sich Furcht und Hoffnung, insbesondere jetzt, da wir uns schon inmitten der Erderwärmung befinden und das sehr ernst nehmen müssen, was man am 28. Juli 2022, dem sogenannten *Earth Overshoot Day*, feststellen konnte: die Überlastung der Erde. Es ist jener Tag, an dem die Erde die unverrückbaren Grenzen der grundlegenden Elemente offenbarte, die das Leben aufrechterhalten. Alle Warnleuchten blinkten, wir haben unser Guthaben überzogen und wurden uns der Ernsthaftigkeit dieser Tatsache bewusst.

Von diesem Tag an mussten wir, um die Bedürfnisse der Menschen, insbesondere den Luxuskonsum der reichen Länder, zu befriedigen, der Erde Gewalt antun und ihr jene knappen Reserven entreißen, derer sie bedarf, um ihre bedrohte Lebenskraft und Nachhaltigkeit zu erhalten. Die Folge dieser Überbeanspruchung ist die Zunahme von Extremereignissen, die das Klima aus dem Gleichgewicht bringen und die physikalisch-chemischen Grundlagen des Lebens bedrohen. Angesichts dieses ernsten Szenarios können wir uns nur noch am letzten Strohhalm festhalten, der uns bleibt: der Hoffnung. Sie kommt in der Sprache der Utopien zum Ausdruck. Es liegt in deren Wesen, dass sie niemals voll verwirklicht werden. Aber sie lassen uns unseren Weg fortsetzen und erschließen uns neue mögliche Horizonte.

Gut hat es der irische Schriftsteller Oscar Wilde formuliert: „Eine Weltkarte, in der Utopia nicht verzeichnet ist, ist keines Blickes wert, denn sie unterschlägt die Küste, an der die Menschheit ewig landen wird.“ Bei uns in Lateinamerika hat der Gaúcho-Dichter Mário Quintana treffend bemerkt: „Wenn die Dinge unerreichbar sind, so ist das kein Grund, sie nicht zu wollen! Wie traurig wären unsere Wege, wenn es nicht die bezaubernde Gegenwart der Sterne gäbe!“ Und Eduardo Galeano, der große Erzähler aus Uruguay, betont mit Nachdruck, dass die Utopie die Kraft in sich birgt, uns stets weiterschreiten zu lassen, jeden sichtbaren Horizont zu überschreiten und stets nach neuen Horizonten Ausschau zu halten.

Die Utopie steht nicht im Widerspruch zur Realität, sie gehört vielmehr zu ihr, denn die Wirklichkeit besteht nicht nur aus dem Faktischen und Gegebenen, sondern auch aus dem Potenziellen, das machbar ist und sich verwirklichen lässt.

Das Prinzip Hoffnung nähren

Die Utopie entsteht aus jenem Hintergrund von Potenzialitäten heraus, die in der Geschichte, in jedem Volk und in jeder einzelnen Person vorhanden sind. Der berühmte deutsche Philosoph Ernst

Bloch prägte den Ausdruck *Prinzip Hoffnung*. Hoffnung ist nach dieser Auffassung mehr als eine der drei „theologischen Tugenden" (Glaube, Hoffnung und Liebe). Sie ist vielmehr ein Prinzip und die Quelle, aus der die Träume und erneuernden Taten hervorgehen. Die Hoffnung stellt das unausschöpfliche Potenzial des menschlichen Lebens und der Geschichte dar, das es möglich macht, nein zu sagen zu jeder konkreten Realität, zu den Begrenzungen durch Raum und Zeit, zu den politischen Modellen und zu den Schranken, die das Leben, das Wissen, das Wollen und das Lieben einhegen.

Der Mensch sagt nun Nein, weil er zuvor bereits Ja sagt: Ja zum Leben, zum Sinn, zu den Träumen und zur ersehnten Fülle. Auch wenn er innerhalb des Horizonts der historischen Konkretionen die ganze Fülle nicht sieht, so hört er deshalb nicht auf, sie in einer Hoffnung, die niemals erkaltet, zu ersehnen.

Ijob konnte, als er fast schon vom Tod verschlungen war, zu Gott schreien: „Auch wenn du mich tötest, hoffe ich noch auf dich." Die Erzählung vom irdischen Paradies im zweiten und dritten Kapitel des Buches Genesis ist ein Hoffnungstext. Die Bibelwissenschaftler sagen uns, dass es sich nicht um eine Erzählung über eine verloren gegangene Vergangenheit handelt, an die wir uns erinnern und nach der wir uns zurücksehnen, sondern vielmehr um eine Vorwegnahme, eine Verheißung, eine Hoffnung auf eine Zukunft, der wir entgegengehen. Es ist keine Erzählung von dem, was war, sondern ein Modell dessen, was in Zukunft sein wird.

Die Gelehrten stimmen darin überein, dass das Buch Genesis ein prophetischer Text von der Welt ist, wie sie Gott erdacht hat. Deshalb sagt der erwähnte große Philosoph Ernst Bloch: „Die wirkliche Genesis ist nicht am Anfang, sondern am Ende." (Bloch 1969, 1628) Erst dann werden die Dinge geboren sein. „Und Gott sah alles, was er gemacht hatte, und befand es als sehr gut." (Gen 1,31) Doch solange wir uns noch inmitten des Evolutionsprozesses befinden, ist nicht alles gut, sondern nur verbesserungsfähig. Deshalb hoffen wir.

Das Wesen des Christentums besteht nicht darin, die Menschwerdung Gottes zu behaupten. Das tun auch andere Religionen. Das spezifisch Christliche hingegen ist die Behauptung, dass die Utopie, das, was keinen Ort hat, zur Eutopie, zu einem guten Ort, geworden ist. In einem Menschen wurde nicht nur der Tod besiegt, was schon viel wäre, sondern durch die Auferstehung brachen alle im Menschen verborgenen Potenziale hervor und wurden Wirklichkeit. Jesus ist der *novissimus Adam*, der völlig neue Mensch also, wie es der heilige Paulus ausdrückt (vgl. 1 Kor 15,45), der einst verborgene und nun offenbar gewordene Mensch. Doch er ist nur der Erste von vielen Brüdern und Schwestern. Wir werden ihm folgen, fügt Paulus hinzu (vgl. Röm 8,30). Die Auferstehung ist nicht die Wiederbelebung eines Leichnams wie im Fall von Lazarus, der schließlich doch starb. Die Auferstehung ist vielmehr die volle Verwirklichung der endlosen Möglichkeiten in uns, denn wir sind ein unendlicher Entwurf, der sich nur als verwirklicht empfindet, wenn er seinem unendlichen Ziel begegnet, das diesem Entwurf entspricht. Erst dann werden wir im vollen Sinne Mensch nach dem Ebenbild des Auferstandenen sein.

Es ist nicht unerheblich, eine solche Hoffnung innerhalb des derzeitigen düsteren Zustands der Welt zu verkünden. Ihr wohnt die Kraft inne, die mögliche Tragödie der Erde, der Menschheit und vieler Länder, die sich im Krieg befinden, in eine reinigende Krise zu verwandeln, insbesondere wenn autoritäre Regime die Rechte und Errungenschaften des Volkes systematisch abbauen. Ohne Zweifel werden wir einen gefährlichen Übergang bewältigen müssen, doch das Leben wird gewährleistet sein und die Menschheit wird aus dieser reinigenden Krise erneuert hervorgehen.

Die Gruppierungen, die eine Sinngebung verkörpern, die Religionen und die christlichen Kirchen, müssen eine solche Hoffnung von den Dächern her verkünden. Durch die Krise des Karfreitags der Passion triumphierte das Leben aufgrund der Auferstehung des Gekreuzigten. Über Jesu Grab ist kein Gras gewachsen. Deshalb kann die Tragödie nicht das letzte Wort haben. Dieses hat das Leben in all seinem der Sonne gleichen Glanz.

Der Wert der minimalistischen Utopien: die möglichen Verbesserungen

Es kommt darauf an, die utopische Sicht auf die Wirklichkeit wiederzuerlangen, das heißt die Möglichkeiten zu sehen, die in ihr schlummern und hervorbrechen wollen. Ich bestreite, dass wir in postutopischen Zeiten leben. Das ist die fatalistische Interpretation von vermögenden Gruppen, die jedwede Veränderung fürchten, weil damit ihre Privilegien und ihr Vermögen auf dem Spiel stehen.

Der Mensch ist nicht nur ein *Faktum*, das, lebendig und bewusst, neben anderen Seinsformen existieren würde. Er ist auch ein virtuelles Wesen. Er birgt in sich unbegrenzte Möglichkeiten, die hervorbrechen und konkrete Gestalt annehmen können.

Der Mensch sowie auch die Gesellschaft sind Wirklichkeiten, die Sehnsüchte in sich tragen und das Prinzip Hoffnung bezeugen. Sie sind stets unzufrieden, ja sogar empört und immer auf der Suche nach neuen Auswegen aus ihren Problemen. Philosophisch betrachtet ist der Mensch ein unendlicher Entwurf auf der Suche nach einem verborgenen unendlichen Ziel, das ihm angemessen wäre.

Aus diesem virtuellen Hintergrund steigen die Träume, die kleinen und großen Projekte, die minimalen und maximalen Utopien hervor. Ohne sie sähe der Mensch keinen Sinn in seinem Leben und alles wäre aschgrau.

Eine Gesellschaft hätte ohne Utopie keine bestimmte Richtung, sie befände sich in einer chaotischen Situation ohne Horizont. Sie versänke schließlich im Sumpf der Interessen der durchsetzungsfähigsten Individuen oder Gruppen. Was nun in die Krise geraten ist, sind die Utopien, aber eine bestimmte Art von Utopien, nämlich die Maximalutopien der Vergangenheit.

Die letzten Jahrhunderte waren von Maximalutopien geprägt. Da war die Utopie der *Aufklärung*, die das Reich der Vernunft gegen alle Traditionalismen und Autoritarismen allgemein durchsetzen würde. Da gab es die *industrialistische* Utopie, die versprach, mithilfe von der Natur entnommenen Produkten und technischen Erfindungen die Gesellschaft zu verändern und das menschliche Leben weniger mühevoll zu gestalten. Die *kapitalistische* Utopie gab vor, der ganzen Welt Fortschritt und Reichtum zu bringen. Die *sozialistische* Utopie hatte den Anspruch, Gesellschaften zu schaffen, die von Gleichheit geprägt sind und in denen es keine Klassen gibt. Die *nationalistischen* Utopien mündeten in den Nazi-Faschismus, der ausgehend von einer mächtigen Nation und einer „reinen Rasse" die Welt neu gestalten wollte, indem er sich der ganzen Welt aufzwingen wollte.

Zurzeit haben wir es mit der Utopie der totalen Gesundheit zu tun, die die hygienischen und medizinischen Voraussetzungen für die biologische Unsterblichkeit oder die Verlängerung des Lebens bis zum Zellalter (etwa 130 Jahre) schaffen will. Dazu kommt die Utopie einer einzigen globalisierten Welt unter der Vorherrschaft der Marktwirtschaft und der liberalen Demokratie unter der Ägide der Militärmächte. Und es gibt auch die Utopie der radikalen Umweltschützer, die von einer unberührbaren Erde und einem völlig in sie integrierten Menschen träumen.

Dies sind die Maximalutopien. Sie schlagen ein Maximum vor. Viele von ihnen wurden mithilfe von Gewalt gegen ihre Widersacher durchgesetzt. Wir verfügen heute über einen ausreichend großen zeitlichen Abstand, um uns davon zu überzeugen, dass uns diese Maximalutopien teuer zu stehen kamen, wenn wir die Opfer an Menschenleben und die verheerenden Kriege betrachten, die die Menschen schließlich frustrierten. Sie verloren allmählich ihre Lebenskraft und Faszination, bis sie schließlich aufgegeben wurden.

So sprechen wir heute von postutopischen Zeiten. Doch das „post" bezieht sich auf diese Art von Maximalutopien, nicht auf den Begriff der Utopie als solchen, dessen Wert von Dauer ist. Sie hinterließen eine Spur der Enttäuschung und Depression. Dies gilt insbesondere für die Utopie der absoluten Revolution der Sechziger- und Siebzigerjahre des vorigen Jahrhunderts mit ihrer Hippiekultur und allem, was daraus hervorging.

Das mögliche Machbare

Doch die Utopie bleibt, denn wir sind aus Träumen, Projekten und Sehnsüchten gemacht. Heute konzentriert sich die Suche auf Minimalutopien, auf jene Utopien, die Paulo Freire zufolge das „mögliche Machbare" verwirklichen und dafür sorgen, dass die Gesellschaft „weniger bösartig ist und die Liebe weniger erschwert".

Allenthalben nimmt man unterschwellig wahr, wie dringend notwendig Utopien der schlichten Verbesserung der Welt sind. Alles, was uns über die vielen Informationskanäle erreicht, lässt uns spüren: So, wie die Welt ist, hat sie keinen Bestand. Wir müssen sie ändern oder wenigstens verbessern. Deshalb geben wir die große Utopie von einer Menschheit nicht auf, die versöhnt mit sich selbst im selben Gemeinsamen Haus wohnt, die Tischgemeinschaft lebt und wo die Menschen gemeinsam die guten Früchte der großzügigen Mutter Erde genießen. Dies ist der immerwährende Traum aller Kulturen und eine der Metaphern, die Jesus benutzte, um uns deutlich zu machen, was das Reich Gottes ist: ein großes Gastmahl, zu dem alle geladen sind: die Bettler, die an den Rand Gedrängten, Männer und Frauen gleichermaßen.

Die absurde Anhäufung von Reichtum, die innerhalb der Geschichte ihresgleichen sucht, kann nicht so weitergehen: Die 85 Reichsten verfügen über ein Einkommen, das dem von 3,57 Milliarden Menschen entspricht, wie uns die Nichtregierungsorganisation Oxfam im Januar 2015 in Davos mitteilte. Diese NGO ist in 94 Ländern präsent und wird von Wissenschaftlern der Universität Havard beraten. Dieselbe Organisation hat im Jahr 2016 ebenfalls in Davos festgestellt, dass acht Multimilliardäre über das Einkommen von fast der Hälfte der Menschheit, 3,6 Milliarden Menschen, verfügen. Im Januar 2020 teilte sie mit, dass acht Menschen persönlich über mehr Reichtum verfügen als 90 % der Menschheit.

Für diese Menschen befindet sich das Wirtschafts- und Finanzsystem keineswegs in der Krise. Im Gegenteil: Es eröffnet ihnen Chancen der Aneignung und Fusionierung mit anderen Unternehmen, die sich in der Krise befinden. Oder noch besser: Sie wollen die Krise mittels mehr Akkumulation überwinden – einer Akkumulation, die in Wahrheit absurd ist, weil sie jedweder Menschlichkeit beraubt, einer Akkumulation, wie es sie niemals zuvor in der Geschichte des Kapitalismus gegeben hat. Man muss der gefräßigen produktivistischen Gier, die um der ungehinderten Bereicherung einiger weniger willen über die gemeinsamen Güter und Kapazitäten der Erde und der Menschheit (*commons*) herfällt, einen Riegel vorschieben. Sie ist die Hauptursache des Ausstoßes von Treibhausgasen, die die Erderwärmung bewirken, welche, sofern wir ihr nicht Einhalt gebieten, zwangsläufig zu einem ökologischen Amargeddon führen wird.

Die Minimalutopien sind es, die in der Tat zum Beispiel in Brasilien durch die Regierungen unter den Präsidenten Inácio Lula da Silva und Dilma Rousseff umgesetzt wurden. Sie garantierten dem Volk, dass es dreimal am Tag zu essen hatte. Denn die erste Pflicht eines Staates ist es, das Leben seiner Bürger und Bürgerinnen sicherzustellen. Das ist kein Assistentialismus, sondern das Minimum an Humanität. Beispiele hierfür sind die Programme „Mein Haus – mein Leben", „Licht für alle", die deutliche Anhebung des Mindestlohns, das Programm PROUNE, das sozial schlechter gestellten Schülern den Zugang zu höheren Studien ermöglichte, die „Orte der Kultur" und andere Projekte für das einfache Volk, die ich hier nicht alle aufzählen kann.

Für die großen Bevölkerungsmehrheiten sind dies wahre machbare Minimalutopien: einen Lohn bekommen, der die Bedürfnisse der Familie abdeckt; Zugang zur Gesundheitsversorgung haben, die Kinder zur Schule schicken können, einen öffentlichen Nahverkehr zur Verfügung haben, der nicht allzu viel Lebenszeit in Anspruch nimmt, über elementare sanitäre Einrichtungen verfügen, Zugang zu Freizeit- und Kultureinrichtungen haben und über eine anständige Altersversorgung verfügen, die es erlaubt, mit den Unwägbarkeiten des Alters zurechtzukommen.

Die Umsetzung dieser Minimalutopien schafft die Basis für weitergehende Utopien: für die Sehnsucht, dass sich die Völker geschwisterlich umarmen und nicht bekriegen, dass sie sich alle zusammenschließen, um gemeinsam diesen kleinen und schönen Planeten Erde zu erhalten, ohne den keine Utopie, weder eine Minimal- noch eine Maximalutopie, entworfen werden kann.

Für den Menschen kommt es zuerst darauf an, frei von Not zu leben und ein wenig vom Reich der Freiheit zu genießen. Und schließlich geht es darum, dass er dem Leben dankbar ist, dass es die Bedingungen hervorgebracht hat, menschlich zu leben und die Freude zu genießen, die aus dem Zusammenleben mit seinesgleichen entsteht.

Kleine und große Utopien und die Aufgabe der Religion

Eine Gesellschaft ohne kraftvolle Ideen und ohne Utopien würde, wie es Max Weber am Schluss seiner Schrift *Politik als Beruf* erläutert hat, aufhören, eine Gesellschaft zu sein, sie verlöre ihre Richtung, denn sie versänke im Sumpf von Interessen von Individuen und Gruppen. Wie bereits gesagt, sind es nicht die Utopien an sich, sondern die aus der Vergangenheit ererbten Maximalutopien, die in die Krise geraten sind. Nun müssen die realisierbaren Minimalutopien die Oberhand gewinnen.

Der Niedergang der Maximalutopien

Die maßgebenden Maximalutopien wurden weiter oben bereits beschrieben. Im Kotext der naiven Vorstellung einer ökologischen Modernisierung wäre dazu noch die *szientistische Utopie* hervorzuheben, die meint, alle sozialen und ökologischen Probleme, insbesondere das der Erderwärmung, mittels der fortschrittlichsten Technik wie der Nanotechnologie oder der Manipulation der physikalisch-chemischen Grundlagen lösen zu können, die das Leben aufrechterhalten.

Die Utopie des Pentagon ist die „einer einzigen Welt und eines einzigen Imperiums mit dem Schreckgespenst der totalen Herrschaft" (Moniz Bandeira). Bereits von Karl Polanyi wurde die Utopie des totalen Marktes beschrieben, die buchstäblich alles, auch die heiligsten Dinge, in handelbare Ware und eine Gelegenheit zum finanziellen Profit verwandelt. Im Gegensatz dazu gibt es die bereits erwähnte Utopie des radikalen Umweltschutzes, die von einer Rückkehr zu einer unberührten Erde und einen darin völlig aufgehenden Menschen träumt.

Viele dieser Utopien, die ein Maximum anstreben, wurden mit Gewalt durchgesetzt oder haben Gewalt gegen ihre Widersacher hervorgebracht.

Trotz dieses Niedergangs verschwand der utopische Impetus jedoch nicht, denn es gehört zum Wesen des Menschen als eines Seins voller Möglichkeiten und eines unendlichen Entwurfs, Wünsche zu nähren, Träume zu entwerfen und gangbare Utopien zu kultivieren. Während die Maximalutopien einen Niedergang erlebten, kann man auf der anderen Seite einen Aufschwung der Minimalutopien verzeichnen, wie dies der italienische Psychoanalytiker in der Tradition C. G. Jungs, Luigi Zoja, beschreibt (Zoja 2021). Sie geben sich nicht mit der Art Welt zufrieden, die wir haben, und sich machen den Vorschlag, sie zu verbessern, auch wenn es uns nicht gegeben ist, sie zu überwinden. Die Minimalutopien weisen die Resignation zurück, sie stärken die Resilienz, das heißt die elastische Widerstandsfähigkeit, und glauben daran, dass man, um mit Paulo Freire zu sprechen, die Welt so verändern kann, dass sie „weniger bösartig" ist und in der „es nicht so schwerfällt, zu lieben". Deshalb kommt es darauf an, sich auf die guten Gründe der Utopie und auf die Machbarkeit der Minimalutopien zurückzubesinnen.

Die Wiedererlangung der Utopie

Diese Wiedererlangung findet in einem international und national äußerst komplexen, ja bedrohlichen Kontext statt. In der Tat leben wir inmitten einer zivilisatorischen Krise planetarischen Ausmaßes. Die Grundsätze und Werte, die die modernen Gesellschaften überhaupt ausmachten und ihnen Zusammenhalt verliehen, wie das Prinzip der Demokratie, die Einhaltung der Menschenrechte und der Rechte der

Mutter Erde, die Identität der Nationen, die Ächtung von Gewalt und Krieg als Mittel zur Lösung gesellschaftlicher Konflikte, die Illegitimität von Präventivkriegen, die Gastfreundschaft gegenüber den Migranten, die Sorge um das Gemeinwohl und insbesondere um die Güter und Kapazitäten, die die Gemeinschaft des Lebens aufrechterhalten: All das wurde infrage gestellt oder einfach missachtet, ohne dass dies Weltorganisationen wie die UNO sanktioniert hätten.

Eine jede Krise birgt auch Chancen der Veränderung in sich, aber auch Risiken und mögliches Scheitern. In der Krise vermengen sich Angst und Hoffnung, Ausbrüche von Zorn und Gewalt auf symbolischer und realer Ebene mit Aufrufen zur Toleranz und zum Dialog. Letztere kamen insbesondere von Papst Franziskus in diesem kritischen Moment der Gesellschaft auf nationaler und internationaler Ebene. Wir haben es mit vierzig Kriegsschauplätzen zu tun und befinden uns inmitten des Prozesses der globalen Erwärmung.

Wir müssen die Hoffnung zum Leben erwecken. Sie findet ihren Ausdruck in der Sprache der Utopie. Es liegt in deren Wesen begründet, dass sie niemals völlig realisiert wird. Aber die Utopien sorgen dafür, dass wir weiter unterwegs bleiben. Dies hat der uruguayische Erzähler Eduardo Galeano (1940–2015) schön zum Ausdruck gebracht:

> Die Utopie ist dort am Horizont. Ich nähere mich ihr zwei Schritte und sie entfernt sich zwei Schritte. Ich gehe zehn Schritte, und der Horizont läuft zehn Schritte weiter. So sehr ich auch gehe, ich werde ihn niemals erreichen. Wozu ist dann die Utopie gut? Genau dafür: Sie bewirkt, dass ich weitergehe.

Eine sozio-ökologische oder ökosozialistische Demokratie

Die Erde verändert sich in unumkehrbarer Weise. Wir geraten in neue klimatische Verhältnisse, die sehr viel heißer und bedrohlicher sind. Wissenschaft und Technik kommen zu spät. Allein mit dem, was an Treibhausgasen bereits in der Atmosphäre vorhanden ist, wird sich die lebendige Erde in ihrem Lauf verändern. Die verschiedenen Wissensformen, von der Weisheit bis hin zur Wissenschaft, können die gefährlichen Auswirkungen lediglich abmildern. Doch diese werden sich häufiger und heftiger einstellen.

Wenn wir auf diesem Planeten weiterleben wollen, dann müssen wir ein anderes zivilisatorisches Paradigma erarbeiten, ein lebensfreundliches Paradigma, das dafür sorgt, dass wir uns alle als Brüder und Schwestern aller übrigen Lebewesen empfinden, wie dies Papst Franziskus in seiner Enzyklika *Fratelli tutti* (2020) fordert. Denn wir haben mit ihnen dieselben Grundbausteine des genetischen Codes gemeinsam. In diesem Kontext ist eine andere Art von Demokratie zwingend erforderlich, nämlich eine sozio-ökologische oder ökosozialistische Demokratie. Sie wäre der Höhepunkt des demokratischen Ideals genau in dem Augenblick, in dem wir einen starken Niedergang der demokratischen Ideale und weltweit einen Aufschwung von autoritären Bewegungen und solchen der extremen Rechten erleben. Dazu kommt noch die Verbreitung der Künstlichen Intelligenz, die Millionen von Algorithmen miteinander verknüpft, die Demokratie bedrohen und zum Beispiel, wie es tatsächlich der Fall war, durch manipulierte Bilder jemanden wie den Papst mit einer dicken, seltenen und sehr teuren Jacke verzerrt darstellen kann.

Trotz alledem müssen wir über die bedrohte Demokratie reden. Ihr liegt die Grundauffassung einer jeden Demokratie zugrunde: *Was alle angeht, muss von allen durchdacht und entschieden werden*.

Es gibt die *direkte Demokratie* in kleinen Gemeinden oder in einem Land wie der Schweiz. Wenn die betroffenen Gruppen von Menschen größer sind, dann bedient man sich der *repräsentativen Demokratie*. Da diese im Allgemeinen von den Mächtigen kontrolliert wird, tritt sie für die Interessen derer ein, die ihnen die Wahl gesichert haben. So kommt es zum Vorschlag einer *partizipativen Demokratie*, in der die unteren Schichten an der Ausformulierung und kritischen Begleitung der Politik des Landes mitwirken können.

Man ging dann noch weiter und schuf eine *kommunitäre Demokratie*, wie sie von den Andenvölkern gelebt wird. Hier nehmen alle an allem in großer Harmonie der Menschen untereinander und mit der Natur teil. Man nennt dies das „bien vivir y convivir“, das erfüllte Zusammenleben. Man erkannte, dass die Demokratie ein universaler Wert ist (Norberto Bobbio), der im Alltag, in der Familie, in den Vereinen und in der Organisationsweise des Staates gelebt wird. Sie wird auch eine Demokratie ohne Ende (Boaventura de Souza Santos) genannt, denn sie kann stets vervollkommnet werden und ist niemals vollendet. Angesichts der unmittelbaren Gefahr des Verschwindens der Spezies Mensch sollten sich alle, um sich zu retten, um eine *planetarische Superdemokratie* (Jacques Attali) versammeln.

Mehr oder weniger in dieser Perspektive müssen die verschiedenen Formen von Demokratie gedacht und gelebt werden. Die Überlebenden der großen Veränderung der Erde, deren Klima in einem erträglichen Maß stabilisiert sein wird, werden um des Überlebens willen neue Formen einer harmonischen Beziehung zur Natur und zur Mutter Erde verwirklichen müssen. Deshalb erdachte man die sozio-ökologische Demokratie. Sie ist sozial, weil sie die gesamte Gesellschaft mit einbezieht. Und sie ist ökologisch, weil sie der Natur besondere Fürsorge zuteil werden lässt.

Dies ist der große Vorschlag des Ökosozialismus, der nichts mit dem bereits von der Bühne der Geschichte abgetretenen realen Sozialismus zu tun hat. Diese sozio-ökologische oder ökosozialistische Demokratie hat das Ökologische zum Strukturprinzip. Sie ist keine Technik, um die Nachhaltigkeit der Lebensweise des Menschen nach dem Vorbild des herrschenden Paradigmas des Menschen als *dominus*, als Herr und Gebieter, zu garantieren, der sich außerhalb und über der Natur wähnt, sondern sie verwirklicht das Paradigma des *frater*, des Bruders und der Schwester, die Teil der Natur sind und ihr zuinnerst angehören. Die Ökologie wäre demzufolge eher eine Kunst, eine neue Weise des zärtlichen und geschwisterlichen Zusammenlebens mit der Natur.

Die Produktionsweise und die Institutionen würden nicht mehr die Natur dazu zwingen, sich den Wünschen des Menschen zu fügen. Diese vielmehr werden sich den Rhythmen der Natur anpassen, sich um sie sorgen und ihr die Ruhe gönnen, die sie braucht, um sich zu regenerieren. Der Mensch wird sich selbst als Natur empfinden, sodass er sich, wenn er sich um sie sorgt, um sich selber sorgt.

Die Einzigartigkeit des Menschen besteht, wie es die Neurologen, Genetiker, Bioanthropologen und Kosmologen nachgewiesen haben, darin, dass er als Knoten von Beziehungen, von Liebesbanden, von Kooperation, Solidarität und Mitleid fungiert. Liebe und Solidarität sind im genetischen Code des Menschen selbst verankert.

Diese Einzigartigkeit tritt besser zutage, wenn wir den Vergleich zu den höheren Primaten ziehen, von denen wir uns genetisch lediglich zu 1,6 % unterscheiden. Auch sie haben ein Sozialleben. Doch sie orientieren sich an der Logik der Herrschaft und Hierarchie. Wir aber unterscheiden uns von ihnen durch Zusammenarbeit und Tischgemeinschaft.

Heute räumt man ein, dass sowohl die Natur als auch die Erde Subjekte von Rechten sind. Sie sind die neuen Bürgerinnen, mit denen wir in Freundschaft zusammenleben müssen. Die Erde ist eine biogeophysische Entität, Gaia, die alle Elemente miteinander verbindet, um am Leben zu bleiben und die gesamte Artenvielfalt hervorzubringen. An einem fortgeschrittenen Punkt ihrer Entwicklung und zunehmender Komplexität begann sie zu empfinden, zu denken, zu lieben und Sorge zu tragen. Damals entstand der Mensch in Gestalt von Mann und Frau, der denkende und liebende Erde ist.

Wenn wir gemeinsam überleben wollen, muss die Demokratie eine Biokratie, eine Soziokratie, eine Geokratie, eine Kosmokratie, mit einem Wort eine ökologisch-soziale oder ökosozialistische Demokratie werden. Die Zeit drängt. Wir müssen ein neues Bewusstsein entwickeln und uns auf Veränderungen vorbereiten, die unweigerlich kommen werden.

Ist das eine Utopie? Gewiss. Doch es ist eine notwendige Utopie, wenn wir weiterhin auf diesem Planeten leben wollen.

Begegnung der ursprünglichen Völker: Wiedersehen von Adler und Condor

Unsere Lebensweise erweist sich als allzu zerstörerisch, da sie Millionen von Menschen zu einer Randexistenz verurteilt und in Armut treibt und andere Lebewesen dem Tod preisgibt. Dies ist die Lehre, die wir aus der Ausbreitung des Corona-Virus ziehen, der lediglich den Menschen betraf. Wir müssen unsere Produktionsweise, unsere Art des Konsum und unsere Weise, im einzigen Gemeinsamen Haus zu leben, ändern, sonst könnte uns das Schlimmste bevorstehen.

Diesen Prozess betrachten einige als den Beginn eines neuen Erdzeitalters, des Anthropozäns bzw. Nekrozäns oder Pyrozäns, das heißt als die Epoche der vom Menschen selbst vorangetriebenen systematischen Vernichtung von Leben. Interessanterweise treten gegenläufig zu diesem Prozess die ursprünglichen Völker als die Subjekte eines neuen Bewusstseins und einer Vitalität in Erscheinung, die Jahrhunderte lang unterdrückt worden ist. Sie erholen sich biologisch und treten als historische Subjekte auf den Plan.

Ihre freundschaftliche Art und Weise, sich mit der Natur und der Mutter Erde in Beziehung zu setzen, macht sie zu unseren Meistern und Lehrern. Sie fühlen sich diesen Wirklichkeiten so sehr verbunden, dass sie, wenn sie diese verteidigen, sich selbst verteidigen.

Die Invasoren unterlagen einem großen Irrtum, als sie sie „Indios“ nannten, als wären sie die Bewohner einer Region Indiens, nach der alle suchten. Man muss sie ursprüngliche Völker nennen. Tatsächlich treten sie unter verschiedenen Bezeichnungen in Erscheinung, unter anderem als Tawantinsuyo, Anauhuac, Pindorama, Tupi-Guarani, Pataxó und Yanomami. Für Lateinamerika insgesamt ist die vornehmliche Bezeichnung *Abya Yala*. So wird das Land vom Volk der Kuna im Norden Kolumbiens und in Panama genannt. Der Name bedeutet „reifes Land", „lebendiges Land", „Land, das blüht und gedeiht".

Über die bereits erwähnten Völker hinaus gab es solche, die sich selbst als Taínos, Tikunas, Zapoteken, Azteken, Maya, Olmeken, Tolteken, Mexicas, Aimaras, Quíchuas, Tapajós, Tupis, Guaranis, Mapuche bezeichneten und noch Hunderte andere. Die Übernahme der gemeinsamen Bezeichnung *Abya Yala* ist Teil des Aufbaus einer gemeinsamen Identität inmitten der Vielfalt ihrer Kulturen und bringt die Verbindungen zum Ausdruck, die sie in einer großen Bewegung vereinen, welche sich vom Norden bis in den Süden des amerikanischen Kontinents erstreckt. Im Jahr 2007 führten sie den *Gipfel der Völker Abya Yalas* durch.

Doch es liegt ein großer Schatten auf ihnen: die Vernichtung durch die europäischen Invasoren. Es kam zu einem der größten Genozide der Geschichte. Durch Vernichtungsfeldzüge, durch von den Weißen eingeschleppte Krankheiten, gegen die sie nicht immun waren, durch Zwangsarbeit und durch erzwungene Vermischung wurden etwa siebzig Millionen Angehörige ursprünglicher Völker ausgelöscht.

Die sichersten Daten hierzu wurden in jüngerer Zeit von der Soziologin und Pädagogin Moema Viezzer und vom kanadischen Soziologen und Historiker mit brasilianischen Wurzeln, Marcelo Grondin, erhoben. Das eindrucksvolle Buch, zu dem Ailton Krenak ein Vorwort beigesteuert hat, trägt den Titel *Abya Yala: genocídio, resistência e sobrevivência dos povos originários das Américas* und ist im Jahr 2021 in Rio de Janeiro erschienen. Hier werden die Daten beider Amerika (Nord-, Mittel- und Südamerika) erhoben. Hier eine knappe Zusammenfassung:

Als die spanischen Kolonisatoren im Jahr 1492 in der Karibik landeten, gab es vier Millionen Indigene. Etliche Jahre später gab es keinen einzigen mehr. Alle waren getötet worden, insbesondere in Haiti.

In Mexiko gab es im Jahr 1500 25 Millionen Indigene (Azteken, Tolteken und andere). Siebzig Jahre danach waren davon nur noch zwei Millionen übrig.

In den Anden lebten im Jahr 1532 15 Millionen Indigene. Im Lauf von wenigen Jahren wurden sie auf nur eine Million dezimiert.

In Mittelamerika (Guatemala, Honduras, Belize, Nicaragua, El Salvador, Costa Rica und Panama) gab es im Jahr 1492 zwischen fünf und 13 Millionen Indigene. 90 % von ihnen kamen zu Tode. In Argentinien, Chile, Kolumbien und Paraguay starben im Durchschnitt (von Land zu Land in etwas unterschiedlichem Maß) eine Million Indigene.

Auf den Kleinen Antillen (Bahamas, Barbados, Curação, Granada, Trinidad-Tobago und die Jungferninseln) kam es ebenfalls zur fast völligen Ausrottung.

Als die Portugiesen nach Brasilien kamen, lebten dort etwa sechs Millionen Angehörige indigener Völker, die Hunderten von Ethnien mit ihren jeweiligen eigenen Sprachen angehörten. Die gewaltsame Begegnung mit den Europäern reduzierte sie auf weniger als eine Million. Heute geht aufgrund der Nachlässigkeit vonseiten eines Teils der Behörden dieser Prozess des Tötens leider weiter. Die Menschen werden Opfer des Corona-Virus. Ein Weiser aus dem Volk der Yanomami, der Schamane Davi Kopenawa Yanomamy, erzählt in seinem Buch *A Queda do Céu*, was die Schamanen seines Volkes vorhersehen: Die Menschheit geht ihrem Ende entgegen.

In den Vereinigten Staaten von Amerika lebten im Jahr 1607 etwa 18 Millionen Angehörige ursprünglicher Völker, und einige Zeit danach überlebten lediglich zwei Millionen von ihnen.

In Kanada gab es im Jahr 1492 zwei Millionen indigene Einwohner, und im Jahr 1933 zählte man lediglich 120.000. Glücklicherweise erholen sie sich heute und nehmen beträchtlich an Zahl zu.

Das Buch erzählt nicht nur die unermessliche Tragödie, sondern vor allem handelt es auch vom Widerstand und in neuester Zeit von den Gipfeltreffen, die die ursprünglichen Völker aus dem Süden und Norden Amerikas organisieren. Auf diese Weise stärken sie sich gegenseitig und bringen die alte Weisheit der Schamanen, die Traditionen und die Erinnerungen wieder zur Geltung.

Eine prophetische Erzählung handelt von der Wiederbegegnung dieser Völker: die Erzählung vom Adler, der Nordamerika repräsentiert, und vom Condor, der für Südamerika steht. Sie lebten glücklich und zogen zusammen ihre Flugbahnen. Doch das Schicksal trennte sie voneinander. Der Adler beherrschte die Lufträume, was fast zur Ausrottung des Condors geführt hätte. Doch dasselbe Schicksal wollte es, dass seit den 1990er-Jahren die großen Gipfeltreffen der verschiedenen ursprünglichen Völker aus dem Süden und aus dem Norden stattfanden. Der Condor und der Adler begegneten einander von Neuem und begannen wieder zusammen zu fliegen. Aus der Liebe zwischen beiden ging der Quetzal Mittelamerikas hervor, einer der schönsten Vögel überhaupt und der Vogel der Weltanschauung der Maya, der symbolisch für die Einheit von Herz und Verstand, von Kunst und Wissenschaft, von Männlichem und Weiblichem steht. Dies ist der Beginn einer neuen Zeit, der Zeit der großen Versöhnung der Menschen untereinander als Schwestern und Brüder, als Hüter der Natur, die ein und dasselbe schlagende Herz vereint und die zusammen auf demselben Planeten wohnen, der großzügigen Pachamama oder Mutter Erde.

Wer weiß, vielleicht könnte diese Prophezeiung inmitten der Wirren der Gegenwart, in denen unsere Kultur auf ihre unverrückbaren Grenzen stößt und sich dazu gezwungen sieht, ihre Richtung zu ändern, eine Vorwegnahme eines guten Endes für uns alle sein. Noch fliegen wir zusammen, der Adler des Nordens und der Condor des Südens, unter dem wohltuenden Licht der Sonne, die uns den besten Weg der Rettung aller weisen wird, der Menschen und der Natur gleichermaßen.

Ein Weltkrieg scheibchenweise?

Am 29. Juni 2022 fand in Madrid der Gipfel der Länder statt, die der NATO, also dem Nordatlantischen „Verteidigungspakt", angehören. Die führende Nation dieses Bündnisses sind die USA. Die Beziehung der europäischen NATO-Länder zu den USA ist übrigens eine der demütigen Unterwerfung.

Auf diesem Gipfel wurde das „Neue Strategiekonzept“ festgelegt, das in gewisser Weise über die Grenzen Europas hinausweist und die gesamte Welt abdeckt. Um den globalen Anspruch dieser Strategie zu unterstreichen, waren auch Japan, Südkorea, Australien und Neuseeland auf dem Gipfel vertreten. Hier wurde etwas äußerst Gefährliches und Provozierendes über einen möglichen Dritten Weltkrieg gesagt. Man bekräftigte, dass Russland der *derzeitige direkte Feind* und China der *potenzielle Feind von morgen* sei. Die NATO stellt sich selbst nicht nur als Defensivbündnis dar, wie dies ursprünglich gedacht war, sie ging zu einem offensiven Selbstverständnis über.

Man führte die perverse Kategorie des „Feindes“ ein, den man bekämpfen und vernichten muss. Dies verweist auf den nazi-faschistischen Juristen Carl Schmitt (1888–1985). In seinem Buch aus dem Jahr 1932, *Der Begriff des Politischen*, heißt es:

> Die spezifisch politische Unterscheidung, auf welche sich die politischen Handlungen und Motive zurückführen lassen, ist die Unterscheidung von *Freund* und *Feind.* [...] Politisches Denken und politischer Instinkt bewähren sich also theoretisch und praktisch an der Fähigkeit, Freund und Feind zu unterscheiden. Die Höhepunkte der großen Politik sind zugleich die Augenblicke, in denen der Feind in konkreter Deutlichkeit als Feind erblickt wird. (Schmitt 2018, 76. 204–206).

Wiederum macht sich Europa zum Opfer seines eigenen Paradigmas des Willens zur Macht im Sinne von Herrschaft über die anderen einschließlich der Natur und dem Leben. Dieses Paradigma bewirkte, dass allein im 20. Jahrhundert zwei große Weltkriege mit hundert Millionen Toten stattfanden. Es hat den Anschein, als ob Europa in zwei Jahrtausenden der Verkündigung des Evangeliums nichts gelernt hätte – eines Evangeliums, dessen strukturierendes Prinzip die Liebe, die Solidarität und die Verteidigung der am meisten Verletzlichen ist. Die Europäer zogen keine Lehren aus ihrer eigenen Geschichte und viel weniger noch aus der der Ausbreitung von Covid-19, die ein Licht auf ihr System und ihr Mantra warf.

Heute weiß man, dass sich hinter dem Krieg in der Ukraine die Konfrontation zwischen den USA und Russland bzw. China verbirgt. Es geht darum, wer die Welt geopolitisch beherrscht.

Bis heute haben wir eine unipolare Welt unter der völligen Vorherrschaft der USA, die ungeachtet der bei etlichen Militärinterventionen erlittenen Niederlagen den Kurs der Geschichte bestimmen. Diese Militärinterventionen waren stets brutal und haben alte Kulturen wie die Nordafrikas und insbesondere im Irak und Afghanistan zerstört.

Luiz Alberto Moni Bandeira (1935–2017), die für uns maßgebende Autorität im Hinblick auf Geopolitik, hat in seinem detaillierten Buch *A desordem mundial:o espectro da total dominação*, das im Jahr 2016 in Rio de Janeiro erschien, die drei grundlegenden außenpolitischen Mantras des Pentagon und der nordamerikanischen Außenpolitik überhaupt dargestellt:

1. Eine Welt – ein Imperium (USA).

2. *Full spectrum dominance*, das meint die Dominanz über das gesamte Spektrum der Wirklichkeit auf der Erde, zu Wasser und in der Luft mit etwa 800 auf der ganzen Welt verstreuten Militärstützpunkten.

3. Alle Regierungen der Länder destabilisieren, die der imperialen Strategie widerstehen oder sich ihr widersetzen. Und dies nicht mehr mit Staatsstreichs und Panzern auf den Straßen, sondern mithilfe von Verleumdung und Diffamierung der Politik als Hort von Schmutz und Korruption, von Rufschädigung führender Politiker und einer konzertierten Aktion von Politik, Medien und Justiz zur Entfernung der Staatschefs widerständiger Staaten.

Dies geschah in der Tat in Honduras, in Bolivien und in Brasilien, wo man auf diese Art Dilma Rousseff stürzte und später Lula zu Unrecht ins Gefängnis brachte. Nun folgt das neue strategische Engagement der NATO dieser von den USA aufgezwungenen und für alle gültigen Orientierung unter dem Vorwand der Sicherheit und Stabilität der Welt.

Nun befindet sich das nordamerikanische Imperium auf dem absteigenden Ast, so sehr man sich auch auf die eigene Ausnahmestellung und auf das „manifest destiny", die offensichtliche Bestimmung des Landes, beruft, derzufolge die USA das neue auserwählte Volk sind, das den Nationen die Demokratie, die Freiheit und die Rechte bringt, wobei diese stets in kapitalistischer Kodierung verstanden werden.

Indessen hat sich Russland aus dem Zusammenbruch des sowjetischen Imperiums wiederhergestellt, es ist mit mächtigen Atomwaffen und unangreifbaren Raketen aufgerüstet und beansprucht einen starken Platz im Prozess der Globalisierung.

China trat mit neuen Projekten wie der neuen Seidenstraße und als eine so starke Wirtschaftsmacht auf den Plan, dass es in kurzer Zeit die USA überholen wird.

Parallel dazu entstand im globalen Süden eine bedeutende Gruppe von Ländern, die sogenannten BRICS-Staaten, die neben Russland Indien, China, Südafrika und Brasilien umfassen. Mit anderen Worten: Es gibt bereits keine unipolare Welt mehr, diese ist vielmehr multipolar geworden.

Dieses Faktum verärgert die Nordamerikaner in ihrer Überheblichkeit, insbesondere die Neokonservativen (Neocons), die von der eigenen rassischen Überlegenheit ausgehen. Sie behaupten, es sei nötig, den Krieg in der Ukraine fortzusetzen, um Russland auszubluten und möglicherweise niederzuringen und China zu neutralisieren, mit dem man in einer späteren Phase die Konfrontation suchen will. Auf diese Weise – davon gehen die Neocons aus – würde die Welt wieder unipolar unter der Herrschaft der USA.

Hier hat man die Zutaten, die einen Dritten Weltkrieg heraufbeschwören können, der dann der letzte sein würde. Eine Macht würde die andere gemäß der Formel 1 + 1 = 0 zerstören. Papst Franziskus hat in seiner Klarsicht bereits mehrmals davon gesprochen, dass wir uns bereits „scheibchenweise" in einem Dritten Weltkrieg befinden. Deshalb hat er in fast verzweifelter Tonlage (persönlich jedoch stets hoffnungsvoll) ausgerufen, dass wir alle im selben Boot sitzen und dass wir uns entweder alle gemeinsam retten, oder dass eben niemand gerettet wird (*Fratelli tutti*, 32). Nichts anderes sagt immer wieder der herausragende nordamerikanische Intellektuelle Noam Chomsky. Er behauptet in der Tat, dass es im Pentagon und in Russland genug Verrückte gibt, die diesen Krieg wollen, der der Spezies Mensch ein Ende setzen kann. Es ist die irrational gewordene, verrückt gewordene und selbstmörderische Ratio.

Auf diese Weise wird das tödliche Paradigma des *dominus*, des Herrn und Gebieters, wie es sich in der Moderne durchgesetzt hat, verstärkt und das alternative Paradigma des *frater*, des Bruders und der Schwester, wie es Papst Franziskus in seiner Enzyklika *Fratelli tutti*, inspiriert vom Besten des Abendlands, Franz von Assisi, vorgeschlagen hat, geschwächt. Entweder wir bauen untereinander und mit der Natur geschwisterliche Beziehungen auf oder wir „schaufeln unser eigenes Grab", wie es Antonio Guterres, der UNO-Generalsekretär, ausdrückt.

Warum entschied man sich für den Willen zur Macht und nicht für den Willen zum Leben der Pazifisten Albert Schweitzer, Leo Tolstoi, Mahatma Gandhi und Dom Hélder Câmara? Warum wählte Europa, das so viele Weise, Genies und Heilige hervorgebracht hat, diesen Weg, der den gesamten Planeten verwüsten kann, bis er schließlich unbewohnbar wird? Warum wählte es den C. G. Jung zufolge gefährlichsten aller Archetypen, den der Macht, der in der Lage ist, uns selbst zu zerstören? Diese Frage, die Martin Heidegger unbeantwortet mit in sein Grab nahm, lasse ich offen. Deprimiert äußerte er in einem Interview im Jahr 1966, das auf seinen Wunsch erst posthum veröffentlicht wurde (Der Spiegel, 31. 5. 1977): „Nur ein Gott kann uns noch retten."

Dieser lebendige Gott und Quelle des Lebens ist es, auf den wir unsere Hoffnung setzen. Dies überschreitet die Grenzen der Wissenschaft und der instrumentell-analytischen Vernunft. Es ist der Sprung des Glaubens, der auch eine Möglichkeit darstellt, welche im umfassenden kosmogenetischen Prozess angelegt ist. Die Alternative zu dieser Hoffnung ist die Finsternis. Doch das Licht hat mehr Recht auf seiner Seite als die Finsternis. An dieses Licht glauben wir und auf dieses Licht setzen wir unsere Hoffnung.

II. Das Leben des Geistes und die Ethik der Achtsamkeit

Der herrschende Verfall der Ethik und die Grundlagen ihrer Wiederherstellung

In den Jahren von 2019 bis 2022 haben wir in Brasilien unter der Regentschaft von Jair Bolsonaro wahrhaft düstere Zeiten durchgemacht. Die Ethik wurde außer Kraft gesetzt, und es war praktisch alles erlaubt: Fake News, Lügen, Propagierung von Gewalt und ein Lobpreis auf die Folter. Auf internationaler Ebene wurden wir voller Verzweiflung Zeugen des Kriegs zwischen Russland und der Ukraine. Dieser Krieg bedeutet die Verleugnung aller zivilisatorischen Werte, denn eine große Atommacht zerstört im wahrsten Sinn des Wortes ein kleines Land und sein Volk.

Ohne die weiter oben erwähnten Tatsachen außer Acht zu lassen, lassen sich zwei grundlegende Faktoren ausmachen, die den inneren Kern der Ethik selbst betreffen: die Globalisierung des Raubtierkapitalismus und die Merkantilisierung der Gesellschaft.

Die weltweite Ausbreitung des Kapitalismus und des Neoliberalismus hat die perversen ethischen Folgen der kapitalistischen Ethik zutage gefördert: Ihre Strukturprinzipien sind die Akkumulation von Gütern vonseiten von Individuen oder großer Konzerne, der ungezügelte Wettbewerb, der Raubüberfall auf die Güter und Fähigkeiten der Natur, die Aufweichung von Gesetzen und die Forderung nach einem möglichst schwachen Staat, reduziert auf seine Funktion als Garant eines zivilisatorischen Gleichgewichts. Eine solche Ethik verleugnet die grundlegenden ethischen Werte eines menschlichen Zusammenlebens, denn sie ist in höchstem Maße konfliktiv. Sie kennt keine Solidarität und orientiert sich an der zügellosesten

Konkurrenz, die aus allen Gegner, wenn nicht gar Feinde macht, die es zu besiegen gilt.

Ganz anders dagegen ist zum Beispiel die Ethik der Kultur der Maya. In ihr ist alles auf das Herz hin ausgerichtet, da alle Dinge aus der großen Liebe zwischen zwei großen Herzen, des Himmels und der Erde, hervorgegangen sind. Das ethische Ideal ist es, in allen Menschen ein empfindsames, gerechtes, aufrechtes und wahrhaftiges Herz zu erzeugen. Ein anderes Beispiel ist die Ethik des guten Lebens und Zusammenlebens der Andenvölker, deren Basis das ausgewogene Gleichgewicht aller Dinge, der Menschen, der Natur und des Universums, ist.

Die Globalisierung (die nicht nur ein wirtschaftliches Phänomen ist) hat alle Kulturen miteinander in Beziehung gebracht und schließlich die Vielfalt der ethischen Wege deutlich gemacht. Eine ihrer Folgen war die allgemeine Relativierung der ethischen Werte. Dies führt zum „anything goes", zur Welt der Post-Wahrheit oder zu den subjektiv gemäß den eigenen Interessen formulierten Wahrheiten. Wir wissen, dass *Gesetz und Ordnung*, wie sie die großen Kulturhistoriker aus den unterschiedlichsten Gesellschaften herausgearbeitet haben, die Voraussetzungen jeglicher Zivilisation überall auf der Welt sind.

Wir stellen nun fest, dass die Welt vor der Barbarei zurückweicht, die in ein wahres Zeitalter weltweiter Finsternis führt. Dies ist die ethische Katastrophe, mit der wir es zu tun haben. Wir wissen nicht, wohin uns dieser Verfall der Ethik führen wird. Wir wissen lediglich: So wie jetzt kann es nicht weitergehen, sonst verschlingen wir uns gegenseitig.

Das zweite große Hindernis für die Ethik ist die Merkantilisierung der Gesellschaft, das, was Karl Polanyi bereits im Jahr 1944 die *Große Transformation* genannt hat. Es handelt sich hierbei um den Übergang von einer *Marktwirtschaft* zu einer reinen *Marktgesellschaft*.

Alles wird zur Ware. Das hat bereits Karl Marx in seiner Schrift *Das Elend der Philosophie* aus dem Jahr 1848 vorausgesehen. Er beschreibt hier eine Zeit, in der die heiligsten Dinge wie die Wahrheit und das Gewissen zum Markt getragen werden, um dort ihren Preis zu erzielen. Heute werden menschliche Organe ebenso gehandelt wie Menschen, die zu Sexsklaven gemacht werden. Andere solcher Perversitäten wage ich hier nicht einmal auszusprechen. Marx spricht von der „Zeit der allgemeinen Korruption, der universellen Käuflichkeit" (MEW 4, 69). Genau diese Zeit erleben wir nun.

Die Wirtschaft, insbesondere die Finanzspekulation, gibt der Politik und der Gesellschaft insgesamt die Richtung vor, die davon geprägt ist, dass sie einen tiefen Graben zwischen den wenigen Reichen und den großen verarmten Bevölkerungsmehrheiten schafft. Hier zeigen sich Züge der Barbarei und Grausamkeit, wie wir sie nur selten im Lauf der Geschichte erlebt haben.

Was ich hier beschreibe, führt uns zum Pessimismus hinsichtlich einer Vernunft, die irrational geworden ist. Doch ich will den Optimismus des ethischen Willens hochhalten.

Ausgehend von einem solchen realistischen Optimismus stellt sich die Frage: Welche Ethik kann uns als Menschheit, die in einem Gemeinsamen Haus lebt, Orientierung geben? Meine Antwort lautet: jene Ethik, die im spezifisch Menschlichen verankert und aus diesem Grund auch universal ist und als solche von allen akzeptiert werden kann.

Ich meine, das trifft an allererster Stelle auf die *Ethik der Achtsamkeit* zu. In meinem Buch *Achtsamkeit* habe ich mich auf die von Martin Heidegger in seinem Hauptwerk *Sein und Zeit* so gut gedeutete Fabel des Sklaven Hyginus aus der Zeit des Kaisers Augustus bezogen (Boff 2013, 40–51). Demnach bildet die Achtsamkeit (bzw. Sorge) die ontologische Grundlage des Menschen, das heißt jenes Bündel von objektiven Faktoren, ohne die der Mensch und andere Lebewesen niemals entstanden wären.

Da die Achtsamkeit zum Wesen des Menschen gehört, können sie alle leben und ihr innerhalb der verschiedenen Kulturen konkrete Gestalt verleihen. Die Achtsamkeit setzt ein freundschaftliches und liebevolles Verhältnis zur Wirklichkeit, ein Verhältnis der in

Solidarität ausgestreckten Hand und nicht der zur Herrschaft geballten Faust voraus. Die Ethik der Achtsamkeit ist ein anderer Name für eine *Ethik der Liebe*. Denn für alles, was wir lieben, sorgen wir auch in Achtsamkeit, und alles, worum wir sorgen, lieben wir auch. Im Zentrum der Achtsamkeit befindet sich das geliebte und umsorgte Leben. Die Zivilisation muss das Leben und die Gemeinschaft zu ihrem Zentrum haben, biosoziozentriert sein.

Ein anderes Grunddatum des Wesens des Menschen ist die *Solidarität* mitsamt der Ethik, die sich daraus herleitet. Wir wissen heute aufgrund von Erkenntnissen der Evolutionsbiologie und der Anthropologie, dass es die Solidarität war, die unseren anthropoiden Vorfahren den Sprung vom Tierreich zum Menschsein ermöglichte. Sie suchten Nahrung und verzehrten sie solidarisch miteinander. Wir alle leben, weil es ein Minimum an Solidarität gab und gibt, angefangen bei der Familie. Was früher grundlegend war, ist es heute immer noch.

Ein anderer ethischer Weg, der eng mit unserem Menschsein selbst verbunden ist, ist die *Ethik der universalen Verantwortung*. Verantwortung übernehmen heißt sich Rechenschaft zu geben über die guten oder schlechten Folgen unserer persönlichen Taten und dessen, was wir als Gesellschaft tun. Entweder wir nehmen gemeinsam in verantwortlicher Weise das Schicksal unseres Gemeinsamen Hauses in die Hand oder wir laufen auf einem Weg weiter, von dem es kein Zurück mehr gibt. Wir sind verantwortlich für die Nachhaltigkeit Gaias und ihrer Ökosysteme. Sie sind die Voraussetzung dafür, dass wir zusammen mit der ganzen Gemeinschaft des Lebens weiter existieren können.

Der Philosoph Hans Jonas hat als Erster *Das Prinzip Verantwortung* – so der Titel seines entsprechenden Werkes – dargelegt. Darin betont er auch die Bedeutung der kollektiven Angst. Wenn die Menschen sich dessen bewusst werden, dass sie ein tragisches Ende nehmen, ja sogar als Spezies untergehen können, dann bricht eine Urangst hervor, die sie zu einer Ethik des Überlebens veranlasst. Unbewusst wird hier die Voraussetzung gemacht, dass der Wert des Lebens höher einzustufen ist als jeglicher kulturelle, religiöse oder wirtschaftliche Wert.

Es kommt auch darauf an, die *Ethik der Gerechtigkeit* für alle wieder zur Geltung zu bringen. Die Gerechtigkeit betrifft den Mindestrechtsanspruch, den wir dem anderen zugestehen, damit er weiter auf der Welt sein kann, und demzufolge wir ihm das geben, was für seine Existenz als Person nötig ist, die mit Würde und Respekt behandelt wird.

Insbesondere die Institutionen müssen gerecht sein und alle gleich behandeln, um gesellschaftliche Privilegien und Ausgrenzungen zu vermeiden, die so viele Opfer produzieren. Das gilt insbesondere für Brasilien, eines der Länder, in denen es die meiste Ungleichheit gibt, das heißt: eines der ungerechtesten Länder. Das ist die Erklärung für den Hass und die Diskriminierungen, die die Gesellschaft spalten. Die Ursache ist nicht das Volk, sondern die mit Geld ausgestatteten Eliten, die das Recht für alle nicht anerkennen, sondern ihre Privilegien behalten wollen.

Die Gerechtigkeit betrifft nicht nur das zwischenmenschliche Verhältnis, sondern auch unsere Beziehung zur Natur und zur Erde. Dies ist die ökologische Gerechtigkeit. Natur und Erde sind nämlich Subjekte von Rechten und deshalb müssen sie in unser Konzept von sozio-ökologischer Demokratie mit einbezogen werden.

Schließlich müssen wir die *Ethik der Genügsamkeit* mit einbeziehen, um das zu erreichen, was Chinas Staatschef Xi Jinping „eine maßvoll versorgte Gesellschaft" genannt hat. Mit ähnlichen Worten wird dies auch von der Soziallehre der Kirche und insbesondere von Papst Franziskus gefordert. Dies stellt ein nicht überforderndes und erreichbares Ideal dar.

Dies sind einige Mindestanforderungen für eine Ethik, die für jedes Volk und für die im Gemeinsamen Haus vereinte Menschheit insgesamt Gültigkeit hat. Man könnte noch viele andere aufzählen. Doch die genannten stellen das Mindestmaß dar. Andernfalls könnten wir den Weg gehen, den bereits die Dinosaurier durchlaufen haben.

Eine Spiritualität und Ethik der Achtsamkeit angesichts des ökologischen Notstands

Auf dem System Leben und dem System Erde lasten mehrere Bedrohungen: der nukleare Holocaust, die ökologische Katastrophe der globalen Erhitzung und der Trinkwasserknappheit, die systemische wirtschaftlich-soziale Katastrophe in Verbindung mit der Radikalisierung des Neoliberalismus, der eine extrem gesteigerte Akkumulation auf Kosten einer erschreckenden Armut bewirkt, die moralische Katastrophe des allgemein fehlenden Mitgefühls mit den großen leidenden Bevölkerungsmehrheiten, die politische Katastrophe des Aufschwungs der Rechten und des Dahinschwindens des Geistes der Demokratie. So kann es mit Erde und Menschheit nicht weitergehen. Es besteht das Risiko einer großen ökologisch-sozialen Katastrophe.

Die großen Regenschauer im Februar 2020 in Brasilien führten zu verheerenden Überschwemmungen, von denen mehrere Städte des Landes betroffen waren. Zur selben Zeit gab es in Australien außergewöhnliche Waldbrände, unmittelbar gefolgt von Überschwemmungen. Das sind untrügliche Zeichen dafür, dass die Erde bereits aus dem Gleichgewicht geraten ist und ein neues sucht. Und dies könnte die Zerstörung großer Teile der Biosphäre und eines beträchtlichen Teils der Menschheit bedeuten. Das wird auch passieren, auch wenn wir noch nicht wissen, wann und wie genau. Es ist eine Tatsache, dass wir uns bereits inmitten des sechsten Massensterbens befinden. Einigen Wissenschaftlern zufolge haben wir ein neues geologisches Zeitalter eingeleitet, das Anthropozän, in dem das Handeln des Menschen verantwortlich ist für die Zerstörung der Grundlagen des Lebens. Zusätzlich spricht man nun vom Nekrozän und vom Pyrozän, was ungeschminktere Umschreibungen für das Anthropozän sind.

Die unterschiedlichen Forschungseinrichtungen, die den Zustand der Erde systematisch erfassen, zeigen auf, dass die grundlegenden Faktoren für den Weiterbestand des Lebens (Wasser, Boden, saubere

Luft, Klimata usw.), Jahr für Jahr eine Verschlechterung erfahren. Wann wird das aufhören?

Der Erdüberlastungstag wurde im Jahr 2022 bereits am 28. Juli erreicht. Das heißt: Bis zu diesem Tag wurden alle verfügbaren Güter und Fähigkeiten der Natur aufgebraucht. Nun sind alle Signale möglicher Katastrophen aktiviert. Wie kommen wir bis in den Dezember? Wenn wir uns darauf versteifen, den gegenwärtigen Konsum aufrechtzuerhalten, dann müssen wir der Erde Gewalt antun und sie zwingen, das herzugeben, was sie nicht mehr hat oder nicht wiederherstellen kann. Ihre Reaktion auf diese Gewalt zeigt sich in den verschiedenen bereits erwähnten ökologischen und sozialen Phänomenen, insbesondere in der Zunahme des Kohlendioxids und des Methans (das mehr als zwanzigmal treibhauswirksamer ist als CO_2), in der Ausbreitung von Viren und von durch klimatische Veränderungen verursachten Krankheiten und in der Zunahme der Gewalt innerhalb der Gesellschaft, da ja Erde und Menschheit eine einzige relationale Einheit bilden.

Entweder ändern wir unsere Beziehung zur lebendigen Erde und zur Natur oder wir werden, um mit Zygmunt Bauman zu sprechen, „uns in den Leichenzug derer einreihen, die zu ihrer eigenen Beisetzung gehen“. Diesmal steht uns keine rettende Arche Noachs zur Verfügung.

Wir haben keine Wahl: Wir müssen uns ändern. Wer an den rettenden Messianismus der Wissenschaft glaubt, fällt einer Illusion anheim. Die Wissenschaft kann viel, aber nicht alles. Gebietet sie den Winden Einhalt? Hält sie die Unwetter auf? Begrenzt sie den Anstieg des Meeresspiegels? Es reicht nicht, die Dosis des Gifts zu verringern und mit demselben Gift weiterzumachen oder lediglich Pflaster auf die Wunden der Erde zu kleben, ohne deren Krankheiten zu heilen.

Wir müssen dringend eine andere Haltung zur Natur und zur Erde einnehmen, eine der herrschenden Haltung entgegengesetzte. Das heißt: Es bedarf eines neuen Paradigmas der Produktion, der

Verteilung, des Konsums, der Sorge und des Zusammenlebens im einen Gemeinsamen Haus. Die Veränderung erfordert es, besonders auf einige tragende Säulen zu achten, auf denen das ganze Gebäude ruht, also auf das neue Paradigma. Ansonsten haben wir stets mehr vom selben, und das noch dazu auf schlechtere Weise.

Erstens geht es um eine andere spirituelle Auffassung von der Welt und eine entsprechende Ethik. Dies hat nicht zwangsläufig mit Religion zu tun. Es geht vielmehr um ein respektvolles und nicht utilitaristisches Verhältnis zur Natur, darum, eine gefühlsmäßige Beziehung mit ihr zu etablieren und die Sinngehalte und Werte zu entdecken, die sie ausstrahlt. Insbesondere geht es darum, uns jene geheimnisvolle und liebende Energie bewusst zu machen, die alles im Sein hält. Wir stehen vor folgender Alternative: *Entweder wir verhalten uns gegenüber der Natur so, als wäre sie ein Behälter voller Ressourcen, die wir ausbeuten und benutzen können, indem wir sie unseren Zwecken unterwerfen, oder wir setzen uns so mit ihr in Beziehung, dass wir uns als Teil von ihr empfinden und uns ihren Rhythmen anpassen.* Damit stehen wir nicht über der Natur, sondern wir befinden uns zu Füßen aller Kreaturen im Bewusstsein, sich um sie zu sorgen, sie zu beschützen, damit sie weiter existieren und sich entwickeln. Dieses alternative Paradigma setzt Respekt und Ehrfurcht voraus, denn wir bilden ein organisches Ganzes, in dem ein jeder einen Wert in sich besitzt, unabhängig vom Nutzen, den wir daraus ziehen können, doch stets in wechselseitiger Beziehung zu allen übrigen Seinsformen.

Diese neue Empfindsamkeit und Spiritualität sind Teil des neuen Paradigmas. Aus ihm kann eine andere Art von Zivilisation hervorgehen, die ins Ganze integriert ist, und es kann eine andere Art, das Gemeinsame Haus zu bewohnen, daraus hervorgehen. Ohne diese Empfindsamkeit und Spiritualität und deren Übersetzung in eine ökologische Ethik der Achtsamkeit werden wir die derzeitigen „chaotischen“ Zustände nicht überwinden.

Ich will mit Nachdruck betonen: *Alles hängt von der Art der Beziehung zur Erde und zur Natur ab – einer Beziehung der*

Benutzung und Ausbeutung oder einer der Zugehörigkeit, des respektvollen Zusammenlebens und der Achtsamkeit.

Zweitens geht es darum, das Herz wieder ins Recht zu setzen, das heißt das Gefühl, die Empathie, das Mitleid und das *Pathos*. Diese Dimension wurde unter Berufung auf die Objektivität der Techno-Wissenschaft vernachlässigt. Doch in ihr finden Liebe, das Empfinden für die anderen, die Ethik der Werte und die spirituelle Dimension ihren bergenden Ort. Wenn man dem Gefühl und dem Herzen keinen Platz einräumt, dann gibt es keinen Grund, die Natur zu respektieren und auf die Botschaften, die von ihr ausgehen, zu hören. In unserem Fall sind diese Botschaften die Überflutungen und die Erhitzung der Erde.

Die Techno-Wissenschaft hat bei den Menschen eine Art Lobotomie vorgenommen, also eine chirurgische Entfernung von Teilen des Gehirns. Sie hören den Schrei der Erde und der Armen nicht mehr. Sie bilden sich ein, die Erde wäre ein Regal voller unendlicher Ressourcen im Dienst des Projekts unendlichen Reichtums. Wir müssen von einer industrialistischen und konsumistischen Gesellschaft, die die Natur ausbeutet, übergehen zu einer Gesellschaft der Erhaltung und Sorge für alles Leben, zu einer Gesellschaft des genügsamen und solidarisch miteinander geteilten Konsums. Wir müssen das Herz und die Vernunft wieder miteinander in Einklang bringen, um uns der Probleme bewusst zu werden, die die Herausforderung unserer komplexen Wirklichkeit bilden.

Drittens kommt es darauf an, das Prinzip der Sorge und Vorsorge ernst zu nehmen. Entweder wir sorgen uns um das, was von der Natur übriggeblieben ist, und wir stellen das wieder her, was wir zerstört haben, und verhindern neue Plünderungen, oder unsere Art von Gesellschaft wird derart degenerieren, dass sie einen Großteil ihrer Lebenskraft und den Sinn ihrer eigenen Existenz verliert und dem Zerfall ihres sozialen Netzes ausgeliefert ist. Im Sinne der Wiederherstellung der Natur und der Beseitigung angerichteter Schäden hat die Landlosenbewegung in Brasilien vorgeschlagen, auf den vom Agrobusiness geschädigten Flächen eine Million Bäume zu pflanzen.

Die Vorsorge gebietet es, dass man keine Handlungen oder Experimente vornimmt, deren Folgen nicht kontrolliert werden können. Im Übrigen haben sowohl die antike als auch die moderne Philosophie bereits erkannt, dass die Sorge als Grundzug des Wesens des Menschen die Voraussetzung dafür bildet, dass überhaupt Seinsformen entstehen. Sie bildet auch den Kompass für jedes Tun, damit dieses nützlich und nicht schädlich ist. Wenn dem Leben, auch unserem Leben, keine Fürsorge zuteil wird, dann erkrankt es, verkümmert es und stirbt ab. Vorsorge und Fürsorge sind entscheidend auf dem Gebiet der Nanotechnologie und der künstlichen Intelligenz. Letztere kann mithilfe ihrer Abermillionen Algorithmen Entscheidungen unabhängig von unserem Bewusstsein treffen. Sie kann in atomare Lagerstätten eindringen, die Sprengköpfe aktivieren, sie abfeuern und unserer Zivilisation ein Ende bereiten.

Viertens geht es um den Respekt gegenüber allen Seinsformen. Ein jedes Sein hat seinen Wert in sich und seinen Platz innerhalb der Gesamtheit aller Seinsformen. Selbst das Geringste offenbart etwas vom Geheimnis der Welt und des Schöpfers. Der Respekt setzt der Gier unseres räuberischen und konsumistischen Systems Grenzen. Die beste Ausarbeitung einer Ethik des Respekts stammt vom Arzt und Philosophen Albert Schweitzer († 1965). Ihm zufolge ist die *Ethik die Verantwortung und der grenzenlose Respekt gegenüber allem, was existiert und lebt.* Dieser Respekt gegenüber dem anderen verpflichtet uns zur Toleranz, deren es in der Welt so dringend bedarf, insbesondere angesichts der Regierungen, die Verachtung gegenüber den Schwarzen, den Indigenen, den Farbigen, den Frauen und den Angehörigen der Queer-Community nähren.

Fünftens geht es um eine Haltung der Solidarität und Zusammenarbeit. Dies ist das Grundgesetz des Universums selbst und aller organischen Prozesse. Alle Energien und alle Seinsformen kooperieren miteinander, damit das dynamische Gleichgewicht aufrechterhalten wird, die Vielfalt gewährleistet wird und alle koevolvieren können. Der Sinn der Evolution besteht nicht darin, dass man dem am besten Angepassten den Sieg zugesteht, sondern darin, es zu ermöglichen, dass jedes Lebewesen, auch das schwächste, die Möglichkeiten entfalten kann, die aus jener Hintergrundenergie oder aus der Quelle hervorgehen, die alles, was ist, im Sein hält und alles in jedem Augenblick erhält, aus der alles hervorquillt und zu der alles zurückkehrt.

Heute geht es darum, dass wir angesichts der allgemeinen Verschlechterung der Beziehung der Menschen untereinander und gegenüber der Natur aufgrund von Ehrgeiz und Egoismus bewusst Solidarität und Kooperation als Lebensprojekt verwirklichen müssen. Andernfalls werden wir das Leben nicht retten und der Menschheit keine verheißungsvolle Zukunft gewährleisten können. Das Wirtschaftssystem und der Markt haben ihre Grundlage nicht in der Zusammenarbeit, sondern im zügellosesten Wettbewerb. Deshalb erzeugen sie so viel Ungleichheit, sodass ein Prozent der Menschheit so viel besitzt wie die übrigen 99 %.

Sechstens ist die kollektive Verantwortung von grundlegender Bedeutung. Verantwortungsvoll sein heißt, sich der Folgen unseres Tuns bewusst sein. Heute haben wir das Prinzip der Selbstzerstörung etabliert. In Anlehnung an den ökologische Imperativ, wie ihn Hans Jonas im Anschluss an Kants kategorischen Imperativ in seinem bereits erwähnten Buch *Das Prinzip Verantwortung* formuliert hat, können wir sagen: *Handle so verantwortlich, dass die Wirkungen deiner Handlung nicht zerstörerisch sind für das Leben und dessen Zukunft und nicht zur Selbstzerstörung führen.*

Siebtens gilt es, alle Anstrengungen darauf zu konzentrieren, eine Biozivilisation zu errichten, deren Zentrum das Leben und die Erde bilden. Die Zeit der Nationalstaaten ist schon vorbei. Nun ist im Kontext eines neuen Paradigmas die Zeit des Aufbaus des Gemeinsamen Hauses angebrochen, denn dessen gutes oder schlechtes Schicksal ist auch das gute oder schlechte Schicksal der Menschheit. Wir werden es nur verwirklichen, wenn wir es auf den genannten Säulen errichten. Dann können wir leben, zusammenleben, uns freuen und die frohe Feier des Lebens genießen.

Bedingungen für das weltweite Gemeinwohl

Bevor wir uns dem Thema des planetarischen Gemeinwohls zuwenden, müssen wir uns die drei großen Bedrohungen bewusst machen, die auf dem System Erde und dem System Leben lasten.

Bedrohungen des Systems Erde und des Systems Leben

Die erste und ernsthafteste Bedrohung ist die der zunehmenden globalen Erhitzung. Die Empfehlungen, die bereits vom Klimagipfel in Paris (COP 15) im Jahr 2015 ausgesprochen und dann in Glasgow (COP 16) bekräftigt wurden, wurden von den meisten Ländern nicht befolgt. Man sprach damals von der Notwendigkeit, den Ausstoß der Treibhausgase bis zum Jahr 2030 um 43 % zu reduzieren. Es kam lediglich vorübergehend zu einer Reduktion um 7 %, was völlig unzureichend ist. Wenn wir dieses Tempo beibehalten, dann wird sich die Erderhitzung beschleunigen und nach etlichen Einschätzungen bereits in den nächsten drei bis vier Jahren und nicht erst um 2030 1,5 Grad Celsius über dem vorindustriellen Niveau erreichen. Wir haben es hier mit einem lebensfeindlichen Vorspiel zu tun, denn bei dieser Temperatur wird sich ein großer Teil der lebenden Organismen nicht anpassen können und allmählich verschwinden. Dies gilt auch für die Spezies Mensch, denn es könnten viele Menschen zugrunde gehen.

Man sollte festhalten, dass bereits bei der jetzigen Konzentration von CO_2 und Methan in der Atmosphäre Extremereignisse unvermeidlich geworden sind. Mithilfe von Wissenschaft und Technik können wir die schädlichen Auswirkungen lediglich etwas abmildern. Doch die Ereignisse werden eintreten, wie wir auf der ganzen Welt beobachten können, denn die klimatischen Veränderungen machen sich allenthalben bemerkbar, sodass man in Indien bereits den 50 Grad Celsius nahegekommen ist.

Das hat viele Technologen zum Skeptizismus oder zu technischem Fatalismus verleitet. Leider, so sagen sie, kommen wir zu spät. Es gibt bereits viele Wissenschaftler und Klimatologen, die behaupten, dass wir nun in ein neues klimatisches Regime geraten sind, dem man keinesfalls mehr völlig Einhalt gebieten kann. Wir sind bereits in eine neue erdgeschichtliche Epoche namens Pyrozän geraten (*pyr* ist das griechische Wort für Feuer). Dieses Zeitalter des Feuers kann gefährlicher sein als die vorangehenden. Es ergibt sich aus der Erwärmung des Bodens und der mangelnden Feuchtigkeit. Abgesehen vom menschlichen Zutun kann ein Stein heiß werden, und die trockenen Zweige und Blätter können sich daran entzünden und zu großen Bränden führen.

Dieses Phänomen konnte man bereits im Jahr 2022 beobachten, als es in fast ganz Europa einschließlich von Teilen Sibiriens, in Australien und in besonderer Weise in Kalifornien und im Amazonasgebiet brannte. Mit den Bränden kommen riesige Staubwolken aus den Wüsten und von den ausgetrockneten Böden, die die Wälder so weit schädigen, dass sogar die Photosynthese beeinträchtigt wird, die alle Lebensformen mit dem nötigen Sauerstoff versorgt.

Die zweite große Bedrohung ist der *Schwund der Artenvielfalt*. Daten des renommierten Biologen Edward Wilson zufolge verschwinden jedes Jahr etwa 70- bis 100.000 lebende Organismen. Eine Million ist stark gefährdet und wird ebenfalls verschwinden. Damit geraten die Klimata, der Rhythmus der Regenfälle und die gesamte Nahrungsproduktion des Planeten aus dem Gleichgewicht. Dazu kommen noch die zunehmende Süßwasserknappheit und die Abnahme der Bodenfeuchtigkeit, was die Fruchtbarkeit der Böden beeinträchtigt.

Die dritte Bedrohung ist die Erdüberlastung. Am 28. Juli 2022 wurden die entsprechenden Daten veröffentlicht: Die nicht erneuerbaren Güter und Kapazitäten der Erde, die entscheidend für den Fortbestand des Lebens sind, haben sich praktisch erschöpft. Wir haben 74 % mehr an Ressourcen verbraucht, als die Erde im Laufe eines Jahres wiederherstellen kann. Das Konsumniveau, insbesondere das der im Überfluss lebenden Bevölkerungsteile des Planeten, erfordert mehr als anderthalb Planeten (genau gesagt 1,7 Planeten), womit die Grenzen der Nachhaltigkeit überschritten sind.

Ich bin der Meinung, dass die Verbreitung des Covid-19-Virus, die den gesamten Planeten betraf, einen Gegenangriff der Mutter Erde gegen die systematische Aggression, die unsere Art, den Planeten zu bewohnen, nach sich zieht, darstellt. Es ist eine Ausdrucksgestalt des Anthropozäns: Wir, die Menschen, sind nun die große Bedrohung für das Leben in all seinen Formen. Anstatt der Schutzengel der Natur und Gaias zu sein, sind wir zu ihrem Würgeengel geworden.

Dieses Signal wurde meines Erachtens weder von den Staatschefs noch von den Chefs der großen multinationalen Konzerne und schon gar nicht von der Menschheit insgesamt so gedeutet. Es ist der Traum aller, zur alten Normalität zurückzukehren, das heißt genau zu jener Normalität, die uns das Virus gebracht hat und uns weitere Viren bescheren kann, wenn wir unsere feindliche Haltung der Natur gegenüber nicht ändern. Hoffentlich kommt das gefürchtete *Next Big One* nicht, also jenes schreckliche Virus, gegen das es keine wirksame Impfung geben wird und welches die Zerstörung eines großen Teils der Menschheit nach sich ziehen wirde.

Was ist das Gemeinwohl des Planeten? Wie kann man es sich vorstellen?

Innerhalb dieses düsteren Szenarios müssen wir die Frage stellen: In welchem Maße können und müssen die Länder im Hinblick auf ein mögliches und wünschenswertes planetarisches Gemeinwohl zusammenarbeiten?

Hier ist die Aufforderung zur „ökologischen Umkehr" von Papst Franziskus in seiner Enzyklika *Laudato si'. Über die Sorge für das gemeinsame Haus* (2015) zu beachten, die er an die ganze Menschheit und nicht nur an die Christen richtet (Nr. 5)

Ohne diese Bereitschaft zur Veränderung werden wir die bereits erwähnten Bedrohungen nicht abwenden und könnten an einen „point of no return" gelangen, in eine Situation, in der keine Rückkehr mehr möglich ist. Wir stünden damit vor dem Zusammenbruch unserer Zivilisation, ja sogar unseres Weiterlebens auf diesem Planeten. In der Enzyklika *Fratelli tutti* (2021) hat derselbe Papst Franziskus mit Nachdruck betont, dass wir alle in einem Boot sitzen und dass wir uns entweder gemeinsam retten oder niemand gerettet wird (Nr. 34). Bei einer Klimakonferenz in Berlin im Jahr 2022 meinte der Generalsekretär der UNO, António Guterres: „Es ist die einzig mögliche Alternative: Entweder wir arbeiten alle zusammen, oder wir willigen in unseren Suizid ein."

Ich hege hingegen die Hoffnung, die in der *Erd-Charta* (2003) formuliert ist: „Unsere ökologischen, sozialen und spirituellen Herausforderungen sind miteinander verknüpft, und nur zusammen können wir umfassende Lösungen entwickeln." (Erd-Charta [4]2003, 8)

Zunächst kommt es aber darauf an klarzustellen, was man unter diesem planetarischen Gemeinwohl versteht. Die Antwort kann nicht anthropozentrisch ausfallen, als ob der Mensch das Zentrum von allem und der Einzige wäre, der einen Zweck an sich darstellt. Im Gegenteil: Er ist ein Glied in der Kette des Lebens und der mit Intelligenz ausgestattete Teil der Natur. Es stimmt, was die Erd-Charta formuliert: Wir müssen „erkennen, dass alles, was ist, voneinander abhängig ist und alles, was lebt, einen Wert in sich hat, unabhängig von seinem Nutzwert für die Menschen" (Erd-Charta [4]2003, 9).

Auf der Ebene der *Infrastruktur* ist das Gemeinwohl der gerechte Zugang aller zu den grundlegenden Gütern wie Nahrung, Gesundheit, Wohnung, Energie, Sicherheit und Kommunikation. Im planetarischen Rahmen erfordert das Gemeinwohl die Aufrechterhaltung der Unversehrtheit der Erde mitsamt all ihren Ökosystemen. Wichtig ist es, die Nachhaltigkeit aller wesentlichen Elemente zu gewährleisten, die zur Grundlage des Lebens selbst gehören, wie das Wasser, der Boden, ein günstiges Klima, die Erhaltung der Artenvielfalt und insbesondere die Erhaltung jener Insekten wie Bienen und andere, die für die Bestäubung unentbehrlich sind und ohne die sich die Spezies nicht reproduzieren können.

Auf *gesellschaftlicher* Ebene geht es um die Möglichkeit, ein in materieller und menschlicher Hinsicht zufriedenstellendes Leben in Würde und Freiheit in einer Atmosphäre der Kooperation, der Solidarität und des friedlichen Zusammenlebens führen zu können.

Weltweit betrachtet erfordert das Gemeinwohl eine tiefe Veränderung unserer Art zu konsumieren. Ein kleiner Teil der Menschheit erfreut sich eines üppigen Konsums, der von Überfluss und Verschwendung geprägt ist, während ein großer Teil der Menschheit Bedingungen von Armut und Elend ausgeliefert ist, die jährlich Tausende Tote aufgrund von Hunger oder den daraus resultierenden Krankheiten verursachen. Um die Bedürfnisse der ganzen Menschheit zu befriedigen, muss der Konsum reduziert und solidarisch geteilt werden. Diese Art von Wohlstand, die dem Gemeinwohl gleichkommt, gilt für alle Länder und Völker.

Doch da wir Teil der Natur sind und ohne sie nicht leben könnten, umfasst das Gemeinwohl auch die *biotische Gemeinschaft*, die Ökosysteme und alle Vertreter der unterschiedlichen Spezies, die das Recht haben, zu existieren und als Träger von Rechten anerkannt zu werden. Auch der Respekt gegenüber der abiotischen Welt wie Landschaften, Berge, Flüsse, Seen und Ozeane gehört zum planetarischen Gemeinwohl, denn sie alle zusammen bilden die große irdische Gemeinschaft.

Angesichts der wechselseitigen Verbundenheit aller mit allen ist die Kooperation aller der geheime Lebenssaft, der das planetarische Gemeinwohl als ganzes nährt. Der ganze Planet, den wir als Großorganismus verstehen müssen, welcher das Physische, Chemische und Biologische systematisch miteinander verbindet, lebt ein mögliches Gemeinwohl unter der Voraussetzung, dass er das Gleichgewicht aller Elemente, aus denen er sich zusammensetzt, erhält. Es kommt darauf an, dass er sich auf Dauer erhält und seine Lebenskraft selbst reproduziert.

In fast allen Ländern, vor allem in den sozialen und Volksbewegungen, gibt es gegenwärtig Projekte und Praktiken, die diese ökologische Kehrtwende verwirklichen. Sie initiieren eine Bioökonomie, welche die Rhythmen der Natur respektiert und dem Boden die nötige Zeit gibt, seine Nährstoffe zu regenerieren. Es entwickelte sich auch eine Kreislaufwirtschaft, mittels derer man versucht, weniger Materialien zu benutzen sowie die benutzten wiederzuverwenden und wiederzuverwerten. Via Campesina und die Landlosenbewegung in Brasilien, die Tausende von Familien umfasst, entwickelten eine reichhaltige volkstümliche und partizipative Agroökologie, die so effizient ist, dass sie zum größten Produzenten von biologisch angebautem Reis in Lateinamerika geworden ist.

Hervorzuheben ist auch das Projekt *Cultivando Agua Boa* zusammen mit dem zweitgrößten Kraftwerk der Welt, Itaipu, an dem die Länder Brasilien und Paraguay beteiligt sind. Dieses Projekt organisierte die 29 Gemeinden, die am Flussufer angesiedelt sind und insgesamt eine Million Menschen umfassen. Sie alle arbeiten aufeinander abgestimmt in der biologischen Landwirtschaft, für die Wiederaufforstung großer Gebiete und die Wiederherstellung von 1000 km^2 Auwald. Es handelt sich um ein Projekt ganzheitlicher Ökologie, das die Umwelt, die Gesellschaft, die unterschiedlichen lokalen Kulturen (Indigene, Quilombos, Italiener, Deutsche, Polen und Brasilianer gleichermaßen) mit einbezieht. Das Projekt erwies sich als so effizient, dass es mehrere internationale Preise erhielt und von der UNO als Beispiel eines Großunternehmens angeführt wurde, das ökologisch und produktiv zugleich ist.

Man muss anerkennen, dass auch die Zahl der Unternehmen zugenommen hat, die das sozioökologische Paradigma und die soziale Verantwortung für ihre Umgebung übernommen haben. Doch die große Mehrzahl macht mit der Produktion von Treibhausgasen weiter und beschleunigt auf diese Weise die Erhitzung der Erde.

Wie kann man die Beiträge zum planetarischen Gemeinwohl messen und bewerten?

Es ist keine leichte Aufgabe, die Beiträge zum planetarischen Gemeinwohl zu messen und auszuwerten. Es handelt sich ja grundsätzlich um eine Qualität und nicht um Quantität. Welche Art von Wohlbefinden erzeugt es für die Bevölkerung und wie gewährleistet es die Nachhaltigkeit des Systems Leben und des Systems Erde? Darin besteht die große Herausforderung, zumal wir uns innerhalb des industrialistischen und die natürlichen Ressourcen ausplündernden Paradigmas bewegen.

Da objektive Kriterien fehlen, geben uns Bewertungen im Hinblick auf das Gemeinwohl Orientierung. Der Schlussteil der *Erd-Charta* kann uns dabei inspirieren:

> Wie nie zuvor in der Geschichte der Menschheit fordert uns unser gemeinsames Schicksal dazu auf, einen neuen Anfang zu wagen. [...] Das erfordert einen Wandel in unserem Bewusstsein und in unserem Herzen. Es geht darum, weltweite gegenseitige Abhängigkeit und universale Verantwortung neu zu begreifen. Wir müssen die Vision eines nachhaltigen Lebensstils mit viel Fantasie entwickeln und anwenden, und zwar auf lokaler, nationaler, regionaler und globaler Ebene. (Erd-Charta ^{4}2003, 16)

Ich will die einzelnen Aussagen im Folgenden analysieren.

– „Wandel in unserem Bewusstsein“: die Erde als Gaia

Das neue Paradigma hat eine neue Sichtweise von der Erde zur Voraussetzung, die sich von der klassischen, immer noch herrschenden unterscheidet, deren Grundlagen die Physik und die Mathematik sind. Darin erscheint die Erde als schlichte *res extensa*, wie dies René Descartes ausgedrückt hat, als etwas bloß Quantitatives ohne Leben und ohne eingestifteten Sinn.

Die Geowissenschaften und die Biologie, die neue Kosmologie und Astrophysik haben seit 1970 eine neue Sichtweise von der Erde entworfen. Initiiert hat dies James Lovelock, der in seiner Forschungsarbeit die physikalischen und chemischen Bestandteile der Erdatmosphäre mit denen unserer Nachbarplaneten Mars und Venus verglich. Er zog daraus die Schlussfolgerung, dass die Erde ein lebendiger Großorganismus ist, der systematisch alle Komponenten so organisiert, dass er stets lebendig bleibt und das Leben der gesamten Natur aus sich hervorbringt. Er nannte ihn Gaia nach der griechischen Göttin, die für das Leben verantwortlich ist. Vor ihm hat der Russe Wladimir Iwanowitsch Wernadski bereits im Jahr 1926 vorgeschlagen, dass der Planet ökologisch als ein Ganzes erforscht und verstanden werden muss und dass die Biosphäre als integraler Bestandteil des Planeten Erde zu begreifen ist. Sein grundlegendes Werk trägt den Titel *Die Biosphäre* (vgl. Wernadski 1998).

Dieses Verständnis überwindet das herrschende, das die Erde immer noch als eine Art Behälter voller unendlicher Ressourcen betrachtet, die ein Projekt von unendlichem Wachstum („Entwicklung") ermöglichen. Diese beiden Annahmen von Unendlichkeit sind nun aber illusorisch und falsch. Die Erde ist ein kleiner, lebendiger Planet, der bereits alt und über Gebühr ausgebeutet ist, dessen Güter und Kapazitäten begrenzt sind und deshalb nicht als Grundlage für ein unbegrenztes Projekt dienen können.

Die Erd-Charta hat die sichersten Daten der Wissenschaften zusammengetragen und behauptet auf dieser Grundlage: „Unsere Heimat Erde bietet Lebensraum für eine einzigartige und vielfältige Gemeinschaft von Lebewesen." (Erd-Charta [4]2003, 7) Auch die bereits erwähnte Enzyklika *Laudato si'* von Papst Franziskus spricht in ähnlichem Sinne von der lebendigen Erde. Deren Redeweise von der Erde als gemeinsamem Haus fand Eingang in die Ökologie, die Pädagogik und die Politik. Dieser Sprachgebrauch sollte dort die neue Phase der Erde und der Menschheit, nämlich die planetarische Phase, zum Ausdruck bringen. Es ist die Phase, in der die Netze von Beziehungen jeglicher Art, die den Planeten, seine Bewohner und die Natur miteinander verbinden, ins Bewusstsein tritt, aufgrund deren er in der Tat als Gemeinsames Haus aller Völker und der Gemeinschaft des Lebens betrachtet wird.

Dies ist das neue Bewusstsein, die neue Sichtweise der Erde, die wir uns zu eigen machen müssen, wenn wir in realistischer Weise vom planetarischen Gemeinwohl reden wollen. Zurzeit ist die Erde ein Gemeinsames Haus im Zustand einer Ruine, verwüstet von der industrialistischen Gier, die alle Länder ergriffen hat. Nicht ohne Grund ruft die Erd-Charta eindringlich dazu auf, eine „globale Partnerschaft" zu bilden, „um für die Erde und füreinander zu sorgen, oder wir riskieren, uns selbst und die Vielfalt des Lebens zugrunde zu richten" (Erd-Charta 42003, 8). Sie betont das, was auch die päpstlichen Enzykliken bis zum Überdruss wiederholen: Wir müssen „für die Gemeinschaft des Lebens in Verständnis, Mitgefühl und Liebe sorgen" (Erd-Charta ^{4}203, 9)

Wenn wir keine planetarische Ethik, keine Ethik der Achtsamkeit, des Respekts und der gemeinsamen Verantwortung entwickeln, dann wird es schwierig, das planetarische Gemeinwohl sicherzustellen. Wir müssen eine affektive Verbindung zur Erde und allen Seinsformen herstellen, uns tatsächlich als Teil der Natur empfinden und ein Verhältnis der Geschwisterlichkeit leben, das uns mit allen vereint.

Vielleicht hat diese tiefe geschwisterliche Verbundenheit niemand besser zum Ausdruck gebracht als Papst Franziskus in seiner Enzyklika über die Sorge für das gemeinsame Haus, *Laudato si'*:

> Alles ist aufeinander bezogen, und alle Menschen sind als Brüder und Schwestern gemeinsam auf einer wunderbaren Pilgerschaft, miteinander verflochten durch die Liebe, die Gott für jedes seiner Geschöpfe hegt und die uns auch in zärtlicher Liebe mit „Bruder Sonne", „Schwester Mond", Bruder Fluss und Mutter Erde vereint. (*Laudato si'*, 92)

Es gibt ein Phänomen von großer Überzeugungskraft: den *Overview Effect*, den Blick auf die Erde von außen. Aus der Perspektive der Astronauten gewinnen wir das Bewusstsein, dass Erde und Menschheit eine einzige Einheit bilden. Sie haben denselben Ursprung und dasselbe Schicksal. Der Mensch selbst ist Erde (*humus*), und zwar jener Teil der Erde, der in einem fortgeschrittenen Stadium ihrer Komplexität und Entwicklung zu empfinden, zu denken, zu lieben und für andere zu sorgen begann. Da trat innerhalb des Evolutionsprozesses der Mensch als Mann und Frau hervor. Das neue Paradigma des *frater* setzt dieses neue Bewusstsein voraus, das die Erde als Gaia, Große Mutter und Pachamama begreift.

Am 29. April 2002 beschloss man auf einer feierlichen Versammlung der UNO nach langen Diskussionen einstimmig, diesen Tag jedes

Jahr nicht nur als Tag der Erde, sondern ausdrücklich als Tag der *Mutter Erde* zu begehen. Wenn wir die Erde einfach nur geologisch verstehen, dann können wir alles mit ihr machen, sie kaufen und verkaufen. Doch wenn wir sie als Mutter betrachten, dann gestehen wir ihr jene Werte zu, die wir auch unseren Müttern zuteil werden lassen: Liebe, Fürsorge und Schutz.

Das planetarische Gemeinwohl erfordert es, dass wir die Regenwälder, die Gewässer, die Artenvielfalt, die Böden und was unter den Böden ist, die von unzähligen Mikroorganismen besiedelt sind und Gaia Lebenskraft und Fruchtbarkeit verleihen, erhalten. Wir dürfen die Wunden der Mutter Erde nicht einfach mit Pflaster überkleben, sondern müssen sie in freundschaftlicher Beziehung zu ihr versorgen und pflegen, die bewirkt, dass sie sich erholt und ihr verloren gegangenes Gleichgewicht wiedererlangt.

– „Wandel in unserem Herzen“: die Wiedererlangung der Intelligenz des Herzens

Das Paradigma der Moderne hat seine Grundlage wesentlich in der instrumentell-analytischen Vernunft, die dem Projekt der Techno-Wissenschaft zugrunde liegt. Sie ist das große Instrument der Herrschaft über die Natur und andere Völker. Der ausschließliche Gebrauch der intellektuellen Vernunft erzeugt eine Art Unfähigkeit in den Menschen. Sie sind dann unfähig, das Leid der Armen und die Wunden auf dem Leib der Mutter Erde zu empfinden. Sie verdrängte die Intelligenz des Herzens unter dem Vorwand, dass sie die Objektivität der Analyse beeinträchtigen würde. Die neue Epistemologie und Hermeneutik, insbesondere nach den Einsichten der Quantenphysik, haben uns gelehrt, dass jede Erkenntnis, so objektiv sie auch sein mag, das menschliche Subjekt mit seinen Emotionen und Interessen mit einbezieht. Deshalb müssen wir die intellektuelle Vernunft durch die empfindsame Vernunft oder Vernunft des Herzens ergänzen.

Wir wissen heute, dass die intellektuelle Vernunft, die ihren Sitz im Neocortex des Gehirns hat, vor etwa acht bis neun Millionen

Jahren entstanden ist, während die empfindsamen Vernunft, die Vernunft jedes Herzens also, vor 125 Millionen Jahren aus dem Evolutionsprozess hervorbrach, als die Säugetiere entstanden. Wir Menschen sind rationale Säugetiere, die in sich den *logos* (die Rationalität) und das *pathos* (die Empfindsamkeit und das Herz) miteinander vereinen. Innerhalb der empfindsamen Vernunft des Herzens regiert die Welt der erhabenen Fähigkeiten wie der Liebe, der Empathie, der Solidarität, der Ethik und der Spiritualität.

Wenn es uns heute um das Gemeinwohl des Planeten geht, dann müssen wir die Rechte des Herzens wieder zur Geltung bringen. Wir müssen ein Empfinden und eine Sensibilität allen Lebewesen gegenüber entwickeln, angefangen bei den Menschen, aber auch gegenüber den übrigen Seinsformen der Natur wie den Pflanzen, den Tieren, den Gewässern, den Bergen und den Landschaften. Die Vernunft des Herzens stellt eine Bereicherung der intellektuellen Vernunft dar und bewirkt, dass der Mensch von einer wahren Leidenschaft für die Erde und für alles, was sie enthält, ergriffen wird. Und sie macht ihn zugleich dafür bereit, den verzweifelten Schrei der Armen und zugleich den Schrei der verwundeten Erde zu hören. Auf diese Weise wird der Mensch menschlicher, das heißt empfindsamer, solidarischer, zärtlicher und geschwisterlicher.

– Das planetarische Gemeinwohl erfordert „ein Gespür für die globale wechselseitige Abhängigkeit"

Eine der Grundannahmen der neuen Kosmologie und auch der Ökologie ist, dass alle Seinsformen in Netzen wechselseitiger Verbundenheit und Rückverbundenheit existieren. Alle koevoluieren zusammen, jenseits der natürlichen Auslese hilft eine der anderen, damit alle innerhalb des kosmogenetischen Prozesses bestehen können, denn jede Seinsform, so unbedeutend sie auch scheinen mag, hat ihren Ort im Ganzen und erfüllt ihre Funktion im Hinblick auf das Ganze.

Dasselbe Prinzip lässt sich auf das menschliche und planetarische Gemeinwohl anwenden. Das gibt es in der Tat nur, wenn alle bereit sind, zusammenzuarbeiten und sich die reale wechselseitige Abhängigkeit aller Faktoren, der ökologischen, kulturellen, gesellschaftlichen, politischen, gemeinschaftlichen und persönlichen gleichermaßen, zuinnerst zu eigen machen.

Hier stoßen wir auf das große Hindernis des Paradigmas der Moderne und des Neoliberalismus: den übertriebenen Individualismus. Die Kategorie des planetarischen Gemeinwohls wurde hintangestellt. An seine Stelle traten die Konkurrenz, die Rentabilität, die Flexibilisierung und die Vorherrschaft des Marktes, der alles regelt, auch den Zugang zu den für die Erhaltung des Lebens unverzichtbaren Gemeingütern wie das Wasser, das ein natürliches, lebenswichtiges und unersetzliches Gemeingut darstellt, oder das Saatgut. Beide wurden zu Waren gemacht, und als solche haben sie ihren Preis auf dem Markt.

Die weltweit zu beobachtende allgemeine Tendenz ist die Privatisierung aller öffentlichen Güter. In dem Maße, in dem man diese privatisiert, legitimiert man auch den Privatbesitz zum Schaden des gesellschaftlichen und weltweiten Wohlbefindens und Gemeinwohls.

Das tragische oder glückliche gemeinsame Schicksal hängt von der Entwicklung und Akzeptanz des Sinnes für die wechselseitige Abhängigkeit aller ab. Das betrifft nicht nur die Menschen untereinander, sondern auch die Umgebung und die Natur.

Diese wechselseitige Abhängigkeit wäre dann gewährleistet, wenn es einen weltweiten Gesellschaftsvertrag und eine *global governance* in allen Fragen gäbe, die die gesamte Wirklichkeit der Menschen und der Umwelt betreffen. Das muss geschaffen werden. Für ein globales Problem wird ausgehend von einem pluralistischen Zentrum (von Nationen, Männern und Frauen) eine miteinander abgestimmte globale Lösung verordnet. Das ist die Lektion, die wir aus der Verbreitung des Covid-19-Virus zu lernen haben, das die ganze Menschheit betraf, Fauna und Flora hingegen verschonte.

Es reicht nicht, wenn einige Länder oder große, weltweit operierende Konzerne die globale wechselseitige Abhängigkeit realisieren. Sie muss tatsächlich umfassend, global, sein, sonst bleiben die auf uns lastenden Bedrohungen bestehen.

– Der Sinn für universale Verantwortung

Dem Prinzip der globalen wechselseitigen Abhängigkeit entspricht das der *universalen Verantwortung*. Verantwortung setzt voraus, dass man sich Rechenschaft über die schädlichen oder guten Folgen der persönlichen und kollektiven Taten für andere und insbesondere für die Natur gibt. Die von einem Sinn für Ethik völlig losgelöste Techno-Wissenschaft hat einen wahren Krieg gegen Gaia angezettelt und alle Ökosysteme über Gebühr ausgebeutet: den Boden und das darunter liegende Leben, die Luft, die Flüsse und Ozeane.

In diesem Krieg haben wir Menschen keinerlei Chance zu gewinnen, denn die Erde ist viel mächtiger als jeder Wille zur Macht unserer techno-wissenschaftlichen und industrialistischen Kultur. Die zuinnerst eingeschriebene Tendenz der industrialistischen und kapitalistischen Produktionsweise ist es, weiterhin die Ressourcen des Planeten auszuplündern, bis er sich als unbewohnbar für alle erweist. In diesem Fall können wir damit rechnen, dass die Erde uns nicht länger auf ihrer Oberfläche haben will, weil wir das Leben aller übrigen Lebewesen und das Leben insgesamt in seiner Vielfalt bedrohen.

Nicht ohne Grund behaupten viele Wissenschaftler, dass wir in ein neues Erdzeitalter, das *Anthropozän*, eingetreten sind. Das heißt: Der Mensch selbst und nicht irgendein dahinrasender Meteorit stellt die große Bedrohung des Lebens auf unserem Planeten dar. Die Dezimierung der lebendigen Arten, die jedes Jahr in die Tausende geht, veranlassen viele, vom *Nekrozän* zu sprechen, das heißt vom Zeitalter des von der Spezies Mensch vorangetriebenen Massensterbens. In jüngster Zeit begann sich das *Pyrozän* abzuzeichnen, das heißt das Zeitalter des Feuers, das weite Regionen des Planeten erfasst. Wenn dieses wahre ökologische Amargeddon eintritt, dann wird die Erde dennoch in ihrem Lauf fortfahren, aber ohne das Leben, das wir kennen.

Universale Verantwortung muss die Prinzipien der *Vorbeugung* und der *Vorsorge* berücksichtigen. Um Vorbeugung geht es, wenn wir in der Lage sind, die Wirkungen unseres Tuns und unseres Eingreifens in die Natur so zu kontrollieren, dass sie die Atmosphäre, die Biosphäre, die Gesellschaft und die Natur insgesamt nicht beeinträchtigen. Das Prinzip der Vorsorge muss angewandt werden, „um die Möglichkeit schwerer oder gar irreversibler Umweltschäden zu verhindern, auch wo wissenschaftliche Kenntnisse fehlen oder keine abschließende Risikoanalyse zulassen" (Erd-Charta, [4]2003, 11).

Es war das Verdienst des Philosophen Hans Jonas, das „Prinzip Verantwortung" (so auch der Titel seines Buches) als die grundlegende Bedingung für unsere Weiterexistenz auf dem Planeten tiefer ergründet zu haben. Eine universale Verantwortung in diesem Sinne setzt ein höheres Bewusstseinsniveau bezüglich der Risiken voraus, denen das System Erde und das System Leben ausgesetzt sind. Genau in diesem Kontext bezieht sich Jonas auf die „Angst", ja sogar auf den „Schrecken" als Faktoren, die uns zu Verhaltensänderungen und dazu zwingen, das Prinzip Verantwortung ohne jeden Vorbehalt zu akzeptieren. Wenn sich die Menschheit insgesamt dessen bewusst wird, dass sie – entweder durch einen Atomkrieg mit weltweiten Auswirkungen oder durch schwerste Beeinträchtigungen des Gleichgewichts der Erde (schreckliche Extremereignisse, Erdbeben, Tsunamis, Taifune usw.) – verschwinden könnte, dann kann sie sich dazu gezwungen sehen, drastische Maßnahmen zu ergreifen, um ihrer universalen Verantwortung gerecht zu werden, um ihr Leben zu sichern und den Zusammenbruch der Zivilisation zu verhindern.

– Die wahre Nachhaltigkeit auf allen Gebieten

Das Ergebnis dieses ganzen Prozesses, eines wahren Paradigmenwechsels, eines „neuen Anfangs", wie es im Abschnitt der Erd-Charta mit der Überschrift „Der Weg, der vor uns liegt" heißt, ist eine neue Lebensweise „auf lokaler, nationaler, regionaler und globaler Ebene" (Erd-Charta ^{4}2003, 16).

Wohlgemerkt: Man benutzt hier nicht das in unserer Kultur und in der weltweiten Politik vorherrschende Mantra der „nachhaltigen Entwicklung". In Anbetracht der weltweiten Situation hat die angestrebte (und durch das Bruttoinlandsprodukt gemessene) Entwicklung mit „Nachhaltigkeit" überhaupt nichts zu tun. Daten der bekannten NGO Oxfam zufolge besitzen, wie schon erwähnt, nur acht Menschen so viel wie 3,6 Milliarden, das heißt fast die Hälfte der Weltbevölkerung. Sechs brasilianische Milliardäre besitzen so viel wie hundert Millionen Brasilianer (die Gesamtbevölkerungszahl Brasiliens beträgt 203 Millionen).

Solche Zahlen belegen, dass unsere Entwicklung nicht nachhaltig ist und von zwei falschen Voraussetzungen ausgeht: Davon, dass die Ressourcen der Erde unbegrenzt wären und deshalb auch unbegrenztes Wachstum bzw. unbegrenzte Entwicklung zuließen. Die Daten des Erdüberlastungstages machen deutlich, dass die Güter und Kapazitäten der Erde begrenzt sind und ein großer Teil davon nicht erneuerbar ist, was ein unbegrenztes Wachstum bzw. eine unbegrenzte Entwicklung illusorisch macht.

Man sollte dazu noch beachten, dass das Bruttoinlandsprodukt nur materielle Güter erfasst. Was aber tatsächlich für das menschliche Leben zählt wie die Liebe, der Friede, die Solidarität, das friedliche Zusammenleben, die Sorge um die Natur und die Ehrfurcht – alles noch hoch genug zu veranschlagende, wenn auch unerreichbare Güter – findet keinen Eingang in das Bruttoinlandsprodukt. Wehe dem Land, dessen Bruttoinlandsprodukt keine positive Wachstumsrate aufweist! Sehr weise hingegen ist ein kleines Land am Fuße des Himalaya, nämlich Bhutan, welches den Index des Bruttoinlandsglücks geschaffen hat. Der erste in Betracht zu ziehende Wert ist das persönliche Wohlbefinden, das gesellschaftliche Wohlbefinden, der Index des friedlichen Zusammenlebens. Lediglich an der 13. Stelle kommt der Zustand der Wirtschaft.

Es geht nicht darum, in Abrede zu stellen, dass die Entwicklung wesentlich für die armen Länder ist, die auf allen Gebieten vorankommen müssen, um die Bedürfnisse ihres Volkes zu befriedigen (bessere Produktion, genug Nahrung, eine sanitäre und Verkehrsinfrastruktur, Gesundheit und Bildung). Doch der Irrtum des Paradigmas der Moderne, das sich von Europa aus allgemein verbreitet hat, besteht darin, dass im Kontext der kapitalistischen Produktionsweise die Wirtschaft über der Politik und die Politik über der Ethik steht. Für sie hat der Profit den zentralen Stellenwert, und sie ist vom zügellosesten Wettbewerb beherrscht, wobei die individuelle Akkumulation mittels gieriger Ausplünderung aller Ökosysteme erfolgt. Die Wirtschaft und der Markt sind bestimmende Größen, die die Gesellschaft prägen, indem die sozialen Beziehungen so aus dem Gleichgewicht geraten, dass daraus eine zweifache Ungerechtigkeit resultiert: eine soziale mit Abermillionen zu Armut und Elend Verurteilten und eine ökologische, die aufgrund der herrschenden industrialistischen Gier die Zerstörung der Ökosysteme zur Folge hat.

Was wären die Indikatoren für ein planetarisches Gemeinwohl?

Ich meine, anstatt Indikatoren anzugeben, die sich mit den Veränderungen auf der Erde und innerhalb der Techno-Wissenschaften selbst verändern können, ist es nützlicher, das zu analysieren, was wirklich zählt: den Gegensatz zwischen zwei Paradigmen, dem des *dominus* (des Menschen als Herrn und Gebieter) und dem des *frater* (des Bruders und der Schwester). Unsere gemeinsame Zukunft wird davon abhängen, ob uns der Übergang vom Menschen, der sich als etwas außerhalb der Natur und als ihr Herr und Gebieter empfindet, der über sie nach Gutdünken verfügen kann, zum Menschen als Schwester und Bruder gelingt, der weiß, dass er ein Teil der Natur ist und dass ihm die ethische Aufgabe zufällt, sie zu behüten und für sie zu sorgen. Es geht um die Entscheidung, ob wir weiter auf der Erde leben wollen oder ob wir weiterhin dem alten Paradigma der Herrschaft verhaftet sind, das uns in die totale Katastrophe hineinmanövrieren kann. Stattdessen sind wir aufgefordert, einen neuen

Weg zu erschließen, einen Weg der größeren Demut, auf dem wir uns in Gemeinschaft mit den übrigen Lebewesen fühlen, sie respektvoll und tatsächlich als Geschwister behandeln, die zusammen im selben Gemeinsamen Haus wohnen, die Natur mit eingeschlossen.

Wenn die Erd-Charta von einem notwendigen „neuen Anfang" spricht, dann im selben Sinne wie der große Historiker Eric Hobsbawm am Ende seines bekannten Buches *Das Zeitalter der Extreme*:

> Wir wissen nicht, wohin wir gehen ... Doch Eines steht völlig außer Frage: Wenn die Menschheit eine erkennbare Zukunft haben soll, dann kann sie nicht darin bestehen, dass wir die Vergangenheit oder Gegenwart lediglich fortschreiben. Wenn wir versuchen, das dritte Jahrtausend auf dieser Grundlage zu bauen, werden wir scheitern. Und der Preis für dieses Scheitern, die Alternative zu einer umgewandelten Gesellschaft, ist Finsternis. (Hobsbawm 1998, 720)

Mit anderen Worten: Das aktuelle Paradigma, das von den Gründervätern der Moderne wie René Descartes, Galileo Galilei, Isaac Newton und Francis Bacon geschaffen wurde, hält in seinem Repertoire keine Lösung mehr für die verschiedenen Krisen bereit, welche es selbst hervorbrachte. Sein Fundament war der Wille zur Macht, das heißt zur Eroberung und Beherrschung der Völker, der Kontinente, der Klassen, der Natur und des Lebens. Es verstand den Menschen als *dominus*, das heißt als Herrn und Gebieter der Natur. Er fühlte sich nicht als Teil von ihr zusammen mit den anderen Lebewesen, sondern empfand sich als über ihr und außerhalb ihrer stehend, als einer, der im Sinne des Projekts der Techno-Wissenschaft der Moderne, des Projekts eines unendlichen Wachstums, über sie verfügen kann.

Dieses Paradigma des *dominus* brachte uns unermessliche Vorteile auf allen Ebenen unseres Lebens, von den Antibiotika bis zu den weltweiten Kommunikationswegen, doch zugleich brachte es auch das Prinzip der Selbstzerstörung hervor. Mit den bereits vorhandenen Waffenarsenalen können wir alles menschliche Leben auslöschen und die Biosphäre schwer schädigen.

Albert Einstein hat treffend bemerkt: „Das Denken, das die Probleme geschaffen hat, kann nicht zugleich das Denken sein, das diese Probleme löst.“ Wir müssen eine andere Art zu denken entwerfen. Das technowissenschaftliche Denken, das unverzichtbar ist, um der Komplexität unserer Gesellschaften gerecht zu werden, kann für sich allein keine Antwort auf die schwerwiegenden aktuellen Probleme geben. Damit verfielen wir der Illusion, dass wir dem Wolf seine wilde Gefräßigkeit nähmen, wenn wir ihm die Zähne feilen. Seine Wildheit hat ihren Ursprung nicht in den Zähnen, sondern in seinem Wesen. Unsere Art und Weise, den Planeten Erde zu bewohnen, und unsere Respektlosigkeit gegenüber den Rhythmen der Natur können uns nicht retten. Deshalb ist so wichtig, was die Erd-Charta sagt: Wir müssen „einen neuen Anfang [...] wagen“. Oder wie es in der Enzyklika *Laudato si'* heißt: Es geht um eine „ökologische Umkehr“ (Nr. 5), wenn wir unter dem wohlwollenden Licht der Sonne, die auf diesen kleinen und schönen Planeten scheint, fortfahren wollen.

Als Alternative zum Paradigma des *dominus* wird von vielen, vor allem aber von Papst Franziskus in seiner Enzyklika *Fratelli tutti* (2020), das des *frater* entworfen: des Menschen als Bruder und Schwester der anderen Menschen, aber auch aller übrigen Seinsformen der Natur. Als solcher empfindet er sich als Teil dieser Natur und stets verbunden mit den übrigen Seinsformen, die die große Gemeinschaft des Lebens bilden. Die Wissenschaft hat ihn gelehrt, dass sein genetischer Code dieselben Grundbausteine wie der aller lebendigen Organismen aufweist.

Deshalb spricht die Erd-Charta in ihrer Präambel vom „Geist menschlicher Solidarität“ und von der „Einsicht in die Verwandtschaft alles Lebendigen“ (Erd-Charta ^{4}2003, 8). Von der ursprünglichen Zelle an, die sich vor etwa 3,8 Milliarden Jahren bildete, über die Dinosaurier, die Pferde, den Kolibri bis hin zu uns wird der genetische Code aller von denselben zwanzig Aminosäuren und den vier Stickstoffbasen gebildet. Es ist deshalb kein leeres Gerede und keine poetische Ausdrucksweise zu sagen, dass wir faktisch Brüder und Schwestern sind, und zwar aufgrund von naturwissenschaftlichen Fakten, die in den Fünfzigerjahren des vorigen Jahrhunderts mit der Entdeckung des genetischen Codes bekannt wurden.

Das Paradigma des *frater*, des universalen Bruders und der universalen Schwester, beinhaltet eine neue, respektvolle und achtsame Art, sich mit anderen Menschen und auch mit allen Seinsformen der Natur in Beziehung zu setzen. Der Übergang vom einen zum anderen Paradigma wird nicht leicht sein. Er bedeutet einen langsamen, aber unvermeidlichen Prozess. Er steht im Einklang mit der Logik des gesamten Universums und mit den Sehnsüchten der Völker, denn es ist eine Tatsache, dass wir alle wechselseitig miteinander verbunden und voneinander abhängig sind, um unser Leben und Dasein aufrechtzuerhalten. Das gilt für die Kosmogenese und die Anthropogenese gleichermaßen. Das grundlegende Kriterium lautet: Bruder und Schwester aller Personen und Wesen der Natur zu sein. Hierin liegen unsere Rettung und die Gewähr dafür, dass uns die Erde als Mutter weiterhin will.

Wie die Erd-Charta und die päpstlichen Enzykliken uns helfen können

Mit ihrem Vorschlag einer allgemein nachhaltigen Lebensweise bietet uns die Erd-Charta eine rettende und realisierbare Alternative, wenn wir von unten, von unserem eigenen Territorium, ausgehen und den Bioregionalismus wertschätzen. Innerhalb unserer eigenen Region kann die echte Nachhaltigkeit konkrete Gestalt annehmen. Hier verwirklichen wir das Gemeinwohl des Volkes, denn hier kann eine echte Integration von Mensch und Natur erfolgen. Partizipative Beziehungen untereinander werden vorherrschen, man wird eine sozio-ökologisch-kulturelle Demokratie mit einer Kreislaufwirtschaft und einem ökologischen Landbau in Harmonie mit den Rhythmen der Natur verwirklichen, der deren Zerstörung vermeidet. Das Netzwerk dieser neuen, bereits in vielen Teilen der Welt entstehenden Phänomene trägt zum planetarischen Gemeinwohl bei und nimmt eine für alle wohltuende Zukunft vorweg. Die Erd-Charta ist Inspiration für neue Praktiken, insbesondere, wenn sie in die Bildungsprozesse Eingang findet.

Es gibt wenige Texte, die für den Weg, den die Menschheit innerhalb des Gemeinsamen Hauses beschreiten muss, Orientierung bieten. Zusammen mit den beiden bereits erwähnten ökologischen Enzykliken von Papst Franziskus (*Laudato si'* und *Fratelli tutti*) bietet die Erd-Charta eine ganzheitliche und organische Zusammenschau der Prinzipien und Werte, die unserer Geschichte eine neue Richtung weisen können. Sie könnte gut und gern als ein neuer Gesellschaftsvertrag, der die Natur mit einschließt, fungieren. In ihr ist das Potenzial enthalten, die notwendige Konvergenz zwischen den Nationen zu bewirken, damit sie auf diesem kleinen und schönen, aber bedrohten Planeten Erde fortbestehen.

Wenn sich die Menschheit dessen bewusst wird, dass sie tatsächlich in einem einzigen Gemeinsamen Haus lebt, das die Alten Magna Mater, die Andenvölker Pachamama und die Menschen der Neuzeit Gaia genannt haben, wenn die Natur einbezogen und die wechselseitige Abhängigkeit aller, auch der übrigen Seinsformen der Natur, erkannt wird, wenn eine universale Verantwortung gelebt wird, das heilige Erbe zu bewahren, das wir vom Universum oder von jenem Sein, das allem Seienden Sein verleiht (Gott), empfangen haben – dann sind alle Voraussetzungen für ein planetarisches Gemeinwohl gegeben.

Dies ist die im Evolutionsprozess insgesamt angelegte Tendenz, die unseren Planeten umfasst und innerhalb des Spektrums der Möglichkeiten des Menschen liegt. Wenn wir alle den guten Willen (die einzige Tugend, die Kant zufolge keinen Defekt aufweist, da er sonst nicht gut wäre) stark machen, dann wird dieses Projekt nicht länger nur ein Traum sein, es wird vielmehr zur lebbaren Utopie: eine weniger bösartige Welt, in der es viel leichter ist, die Achtsamkeit und die Liebe zu leben.

Die grundlegende Bedeutung des Lebens des Geistes

Der bekannte und hochgeschätzte Pilot und Schriftsteller Antoine de Saint-Exupéry, der Autor des weltberühmten Buches *Der kleine Prinz*, schrieb im Jahr 1943, bevor er mit seinem Flugzeug im

Mittelmeer abstürzte, einen posthum erschienenen Text unter dem Titel *Brief an einen General*. Darin betonte er mit großem Nachdruck:

> Es gibt nur ein Problem, ein einziges: Es gilt wieder zu entdecken, dass es ein Leben des Geistes gibt, das noch höher steht als das Leben der Vernunft und das allein den Menschen zu befriedigen vermag. (Saint-Exupéry 1959, 225–226)

Ein anderer Text aus dem Jahr 1936, als er noch als Korrespondent für die Zeitung *Paris Soir* tätig war, trägt den Titel *Man muss dem Leben der Menschen einen Sinn geben*. Hier sagt er:

> Was brauchen wir, um für das Leben geboren zu werden? Hingabe. Der Mensch kann mit dem Menschen nur durch das gleiche Ideal Verbindung halten. Die Piloten begegnen sich, wenn sie für das gleiche Kurierflugzeug kämpfen. Die Anhänger Hitlers, wenn sie sich für den gleichen Hitler opfern. Die Bergsteiger, wenn sie den gleichen Gipfel ersteigen wollen. Die Menschen treffen sich nicht, wenn sie unmittelbar aufeinander zukommen, sondern wenn sie sich im gleichen Gott vereinigen. Wir dürsteten danach, in einer verödeten Welt Kameraden wiederzufinden: die Freude am Brot, das man gemeinsam mit Kameraden bricht, ließ uns die Werte des Krieges bejahen. Doch wir brauchen nicht den Krieg, um die Wärme nachbarlicher Schultern in einem Lauf zu finden, der dem gleichen Ziel zustrebt. Der Krieg trügt uns. Der Hass fügt der Begeisterung des Laufs nichts hinzu. [...] Nur dann werden wir glücklich, wenn wir in der guten Richtung marschieren; der gleichen, die wir von Anbeginn einschlugen, als wir aus dem Lehm erwachten. Nur dann werden wir im Frieden leben können, denn das, was dem Leben Sinn verleiht, gibt auch dem Tod Sinn. (Saint-Exupéry 1959, 163–164)

Und den Brief an einen General schließt er mit folgendem Satz: „Sie hätten einen Gott so bitter nötig." (Saint-Exupéry 1959, 230)

In der Tat erfüllt nur das *Leben des Geistes* den Menschen wirklich. Dies stellt ein schönes Synonym dar für Spiritualität, die häufig mit der Religion gleichgesetzt oder verwechselt wird. Das *Leben des Geistes* aber ist eine Grundgegebenheit unserer Tiefendimension, eine anthropologische Grundtatsache wie Verstand und Wille oder die Libido, etwas, das zu unserem Wesen gehört. Es bildet den Ursprung aller Religionen und spirituellen Wege. Die großen spirituellen Meister haben eine tiefe spirituelle Erfahrung durchgemacht. Von ihr ausgehend haben sie spirituelle Wege begründet, die in der Regel in irgendeine Art von Religion mündeten.

Wir verstehen uns darauf, für unseren Leib Sorge zu tragen, ja zurzeit haben wir es mit einem wahrhaften Körperkult zu tun, der in so vielen Fitnessstudios zelebriert wird. Die Psychoanalytiker der unterschiedlichen Richtungen helfen uns, uns um das *Leben der Psyche* zu kümmern, darum, wie wir unsere Impulse in ein Gleichgewicht bringen können, wie wir unsere Engel und Dämonen ruhigstellen können, die in uns wohnen, und verhelfen uns auf diese Weise zu einem Leben in relativer Ausgewogenheit.

Doch innerhalb unserer Kultur vergessen wir praktisch, das *Leben des Geistes* zu kultivieren. Die Religionen, die eigentlich diese Aufgabe erfüllen sollten, predigen meistens lieber ihre Lehren, Dogmen und bereits erstarrten Riten, anstatt eine Hinführung zum Leben des Geistes zu bieten. Dieses Leben des Geistes stellt unsere radikale Dimension dar, in der die großen Fragen verborgen liegen, aus der unsere kühnsten Träume entspringen und aus der die weitherzigsten Utopien hervorgehen.

Das Leben des Geistes nährt sich von nicht greifbaren Gütern wie der Liebe, der Freundschaft, dem freundschaftlichen Zusammenleben mit anderen, dem Mitleid, der Achtsamkeit, dem Sinn für die Zugehörigkeit zur Natur und der Öffnung auf das Unendliche hin. Ohne das Leben des Geistes schweifen wir ziellos umher, ohne einen Sinn, der uns die Richtung weist und das Leben attraktiv und schön macht.

Eine Ethik der Erde, der Anerkennung ihrer Würde, des Respekts angesichts ihrer komplexen und äußerst reichen Vielfalt, kann für sich allein nicht lange bestehen, das heißt nachhaltig sein ohne dieses *supplement d' âme*, jene „Zutat der Seele", die das Leben des Geistes darstellt. Die Ethik gleitet leicht in puren Moralismus oder in spiritualistische Appelle, ja sogar esoterische Lehren ab, ohne wirklich das Herz der Menschen zu erreichen.

Das Leben des Geistes, das heißt die Spiritualität, bewirkt, dass wir uns als Teil der Mutter Erde empfinden, die wir lieben und um die wir uns kümmern müssen. Denn dies ist unsere Sendung, mit der uns das Universum und Gott betraut haben.

Das Leben des Geistes lässt uns eine mächtige und liebevolle Gegenwart wahrnehmen, die alle Seinsformen durchdringt, sie im Sein hält und bewirkt, dass sie sich entwickeln. Neurologen und Neurolinguisten sahen sich veranlasst, von einem „Gottespunkt im Gehirn" zu sprechen, das heißt einem evolutiven Vorteil in unserem Leben. Ausgehend vom Schläfenlappen spüren wir durch eine einzigartige Erregung des Gehirns die geheimnisvolle Gegenwart, die allem, was existiert, zugrunde liegt.

Die Kosmologen nennen diese Präsenz den *schöpferischen Abgrund aller Dinge*. Andere vermeiden den anfangs benutzten Ausdruck Quantenvakuum, denn das Vakuum enthält nichts, währenddessen das, was man damit meint, der grenzenlose Ozean aller Möglichkeiten des Seins ist. Sie nennen das einfach geheimnisvolle Hintergrundenergie, die dem gesamten Universum zugrunde liegt.

Diese Erfahrung der geheimnisvollen Gegenwart hat den einfachen englischen Schriftsetzer, Dichter und Mystiker William Blake (1757–1827) zu folgenden denkwürdigen und immer wieder zitierten Versen veranlasst:

> Um eine Welt in einem Sandkorn zu sehen
> Und einen Himmel in einer Feldblume,
> Halt Unendlichkeit in einer flachen Hand
> Und Ewigkeit in einer Stunde.

Wie auch immer: Fakt ist, dass wir Menschen die uns im Schöpfungsakt übertragene Sendung nicht erfüllen, „den Garten Eden", das heißt die Erde, „zu hüten und zu pflegen" (Gen 2,15). Unser Versäumnis hatte unbestreitbar zur Folge, dass wir heute an die äußerste Grenze dessen geraten sind, was für den Planeten Erde erträglich ist. Wir können aufgrund der Veränderung des Klimas, aufgrund von verheerenden Atomkriegen und anderen Faktoren, die den Planeten aus dem Gleichgewicht bringen, großen ökologisch-sozialen Katastrophen entgegengehen. Es ist nicht auszuschließen, dass wir uns sogar selbst zerstören und damit den Plan des Schöpfers zum Scheitern bringen.

Ich vertraue und hoffe auf das Minimum an Vernunft, das uns noch verbleibt, das uns, wenn es durchdrungen ist von der emotionalen Intelligenz des Herzens, die Kraft zur Richtungsänderung und zur Errichtung einer Biozivilisation geben wird, in der uns die Freundschaft untereinander und auch die Bande der Liebe zu den Wesen der Natur retten können. Dann wird das Leben des Geistes seine rettende Mission erfüllt haben.

Die Liebe gehört zur DNA des Menschen

Schockiert nehmen wir zur Kenntnis, wie sich in großen Teilen der Welt eine Welle des Hasses, der Diskriminierung, der Ausgrenzung sowie der symbolischen und physischen Gewalt ausbreitet. Das wirft die Frage auf: Wie ist diese finstere Tatsache im menschlichen Leben verankert? Die herausragendsten Forscher, die sich dem Geheimnis des menschlichen Lebens widmen, versichern uns, dass die Liebe, die Kooperation, die Solidarität und das Mitleid nicht einfach zu unserem persönlichen Lebensentwurf oder zu einem gesellschaftlichen Projekt gehören, sondern zu unserer Natur, dass sie gleichsam in unsere DNA eingeschrieben sind.

Diejenigen, die den Hass ausleben und nähren, sind Feinde ihrer selbst und des Lebens. Deshalb bringen sie nichts wirklich Effektives hervor, sondern nur Unglück, Ausgrenzung, Verbrechen und Tod. Das ist es, was wir heute leider erleben.

Im Zusammenhang dieser Frage ist der Erste, auf den wir uns beziehen müssen, ohne Zweifel James D. Watson mit seinem berühmten Buch *DNA. The Secret of Life* („Die DNA: Das Geheimnis des Lebens"). Zusammen mit seinem Kollegen Francis Crick hat er wissenschaftlich aufgezeigt, dass die Liebe in der DNA selbst verankert ist. Beide haben im Jahr 1953 die Molekularstruktur der DNA entdeckt, die Doppelhelix, die angefangen von der ersten Zelle, die vor 3,8 Milliarden Jahren aufgetaucht ist, bis hin zu uns Menschen den Bauplan des ganzen Lebens enthält.

Alle sind wir von derselben Grundstruktur des genetischen Codes bestimmt, der alle Lebewesen zu Verwandten macht. Watson macht deutlich: In Widerspruch zu unserem Stolz enthüllen gerade die erhabenen Errungenschaften unseres Intellekts, dass wir nur doppelt so viele Gene haben wie ein bescheidener Regenwurm, dreimal so viele Gene wie eine kurzlebige Fruchtfliege und nur sechsmal so viele Gene wie einfache Bäckerhefe (vgl. Watson 2003, 200–211). Würde die DNA einer Zelle als linear gestrecktes Molekül vorliegen, dann hätten alle Chromosomen zusammengenommen eine Länge von etwa 1,85 m. In ihrer Originalgröße verpackt im Zellkern einer jeden Körperzelle, selbst in den oberflächlichen Hautzellen der Hand, beträgt die Größe einer DNA ein Billionstel cm. Watson definiert das Leben folgendermaßen:

> Leben, wie wir es nun kennen, ist nichts anderes als ein äußerst breites Spektrum koordinierter chemischer Reaktionen. Das „Geheimnis" dieser Koordination ist ein atemberaubender Komplex von – wiederum chemisch – in unsere DNA eingeschriebenen Anweisungen. (Watson 2003, 396)

Viele neue Erkenntnisse bereichern heute die Grundeinsichten von Watson und Crick, insbesondere vonseiten der chilenischen Biologen Humberto Maturana und Francisco Varela. Das Beste aus ihrer Forschungsarbeit ist wunderbar zusammengefasst im Buch des Quantenphysikers Fritjof Capra, *Lebensnetz* (Capra 2015). Er zeigt darin didaktisch gut aufbereitet auf, dass die Entstehung des Lebens eines *Organisationsmusters* (das uns einen Stuhl von einem Baum unterscheiden lässt) und einer *Struktur* bedarf, die die physikalisch-chemischen Elemente, welche das Hervortreten des Lebens ermöglichen, strukturiert.

Doch das allein genügt nicht. Man muss die *Selbstschöpfung* mit einbeziehen. Die Lebewesen, die sich in einem offenen System befinden, das es ihnen ermöglicht, in Dialog mit der Umgebung zu treten, sind nicht statisch, sondern befinden sich stets im Prozess der Selbstschöpfung (Maturana nennt dies *autopoiesis*). Sie passen sich nicht nur an die Veränderungen an, sondern sie schaffen zusammen mit den übrigen Lebewesen neue, sodass sie sich in ständiger Koevolution befinden.

Einen entscheidenden Beitrag leistete der bereits erwähnte Humberto Maturana, der die biologische Basis der Liebe erforschte. Für ihn ist sie von Anfang an im Universum präsent. Ein jedes Lebewesen behauptet sich durch zwei Prozesse: Der erste ist die *Notwendigkeit*, sich mit allen übrigen in Verbindung zu setzen, um das eigene Überleben leichter zu gewährleisten. Der zweite ist reine *Spontaneität*. Die Lebewesen setzen sich zueinander völlig ungeschuldet in Beziehung und schaffen so durch Anziehung neue Bande, als ob sie sich ineinander verliebten. Dies ist das Hervorbrechen der Liebe innerhalb des kosmogenetischen Prozesses. Die Liebe, die seit Millionen Jahren zwischen zwei Lebewesen entsteht, hat ihren Ursprung in dieser Beziehung spontaner Verliebtheit der biologischen Vorfahren.

Dies alles vollzieht sich als Gegebenheit der objektiven Wirklichkeit. Mit dem Menschen kann sich dies in etwas Subjektives verwandeln, das heißt in eine bewusst angenommene und als *Lebensentwurf* gelebte Liebe.

Diese gesamte Reflexion hat zum Ziel, den Hass, die Ausgrenzung und den Zorn, wie sie in vielen Ländern vorhanden und auf der Welt weit verbreitet sind, zu delegitimieren und als unmenschlich, als etwas, das der Bewegung des Universums selbst und den biologischen Grundlagen des Lebens zuwiderläuft, zu entlarven. Zuweilen werden diese perversen Haltungen von einem Staatschef gefördert, der sich selbst an Hass und abwegigem, nekrophilem Verhalten überbietet. Der, den ich meine, wurde zum Feind des Lebens seiner Landsleute, indem er sich mit dem Covid-19-Virus verbündete, sich selbst als Meisterheiler durch Chloroquin (ein Mittel gegen Malaria) und entsprechende Mixturen präsentierte, als wäre er ein Arzt und Experte. Er erwies sich schlicht als Scharlatan, und was die indigenen Völker betraf, als Völkermörder. Das geschah leider in Brasilien, das einen solchen Typen als Präsidenten hatte.

James Watson schrieb am Ende seines Buches:

> Der heilige Paulus hat in meinen Augen das Wesen unseres Menschseins treffend beschrieben. Die Liebe, dieser Impuls, der unsere Fürsorge füreinander fördert, hat unser Überleben und unsere Erfolgsgeschichte auf diesem Planeten ermöglicht. Sie ist jener Impuls, der – davon bin ich überzeugt – unsere Zukunft gewährleisten wird, da wir uns auf unerforschtes genetisches Gebiet begeben. Sie ist so grundlegend für die Natur des Menschen, dass ich mir sicher bin, dass die Fähigkeit zu lieben in unsere DNA eingeschrieben ist. Ein säkularisierter Paulus würde sagen, dass die Liebe das großartigste Geschenk unserer Gene an die Menschheit ist. (Watson 2003, 404–405)

Dieses Zeugnis des Entdeckers der Doppelhelix passt zum großen Hymnus über die Liebe, den Paulus selbst in seinen ersten Brief an die Korinther (1 Kor 13) aufgenommen hat, und ebenso zum Mystiker der spätmittelalterlichen Devotio moderna, Thomas von Kempen, und dem, was er in seiner *Nachfolge Christi* über die Liebe scheibt.

Solche Worte veranlassen uns, auf den Hass mit Liebe, auf die Beleidigung mit Liebenswürdigkeit zu antworten. Solche Haltungen geben uns die Gewissheit und Garantie, dass diese dunklen Zeiten des Zorns und des Hasses im 21. Jahrhundert vorübergehen werden.

Das Prinzip Gutsein als Lebensentwurf

Ethisch betrachtet darf man die einzelnen Handlungen nicht nur für sich beurteilen. Sie verweisen zurück auf einen Entwurf auf tieferer Ebene. Sie sind Konkretisierungen dieses grundlegenden Entwurfs.

Jeder Mensch orientiert sich ausdrücklich oder unausgesprochen an einer grundlegenden Lebensoption. Sie ist es, die den Taten, die den Weg des Menschen pflastern, einen ethischen oder moralischen Wert verleiht. Dieser grundlegende Entwurf ist es also, den man betrachten und als gut oder schlecht beurteilen muss.

Da Gut und Schlecht stets miteinander vermischt sind, stellt sich die Frage: Was ist die dominierende Komponente, die sich dann in einzelnen Taten auszeitigt und dem Leben eine Richtung verleiht? Klar ist, dass mit der menschlichen Daseinsverfassung stets eine Ambivalenz einhergeht. Nie gibt es nur das Gute auf der einen oder nur das Schlechte auf der anderen Seite.

Grund hierfür ist die Tatsache, dass unsere Conditio humana, also die konkrete Daseinsverfassung des Menschen, bewirkt, dass wir homo sapiens und demens zugleich sind, dass es eine dunkle und helle Seite, Impulse des Lebens und des Todes gibt. Und dies ist kein Defekt, sondern resultiert daraus, dass wir geschaffene Wesen sind. Diese zwei Seiten sind gleichzeitig vorhanden, ohne dass wir, um in der Sprache des Evangeliums zu sprechen, Spreu und Weizen säuberlich voneinander trennen könnten.

Bei aller Ambivalenz ist aber das, was zählt, die vorherrschende Dimension, sei sie nun hell oder dunkel, von Güte oder Bosheit durchdrungen. Hier hat der grundlegende Lebensentwurf seinen Wurzelgrund. Er gibt die Richtung vor und erschließt den Weg, der zu beschreiten ist. Dieser Weg kann Abweichungen und Umwege aufweisen, denn das liegt in der ambivalenten Daseinsverfassung des Menschen, doch man kann stets wieder in die Richtung einschwenken, die als grundlegend festgelegt ist.

Die einzelnen Taten erhalten je nach der Intensität, in der sie ausgeführt wurden, ihren ethischen oder moralischen Wert ausgehend von diesem Grundentwurf. Dieser grundlegende Entwurf wird vor dem Tribunal des Gewissens bestätigt, und für religiöse Menschen ist es dieser Grundentwurf, der letztlich von dem beurteilt wird, der unsere geheimsten Absichten kennt und dem grundlegenden Entwurf den entsprechenden Wert beimisst.

Konkret gesprochen: Jemand setzt sich in den Kopf, dass er um jeden Preis reich sein will. Lassen wir hier die Tatsache aus dem Spiel, dass es Reiche gibt, deren Reichtum nicht auf ethisch fragwürdige Weise zustande kam. Doch es gibt eben Reiche, denen um des

Reichtums willen alle Mittel recht sind: Bauernschläue, Betrügereien, Vertragsbrüche, Finanzbetrug, die Abzweigung öffentlicher Gelder, indem man Daten fälscht, den realen Wert nach oben korrigiert und Arbeiten nicht in der erforderlichen Qualität ausführt. Das Projekt dieser Leute ist es, Güter anzuhäufen und reich zu sein. Es ist das Prinzip Bosheit, auch wenn ein solcher Mensch da und dort etwas Gutes tut oder als sehr reiche Person wohltätige Zwecke unterstützt. Doch das gilt nur unter dem Vorbehalt, dass dies sein grundlegendes Projekt, reich zu sein, nicht beeinträchtigt.

Ein anderer will im Sinne eines grundlegenden Projekts stets gut sein, das Gute in den Menschen sehen und versuchen, dass seine Taten diese Richtung beibehalten. Da er ein Mensch ist, kann es auch bei ihm zu bösen Taten kommen. Es sind Abweichungen von seinem grundlegenden Entwurf, aber nicht von solcher Tragweite, dass sie das grundlegende Projekt, gut zu sein, zunichte machen würden. Er wird sich seiner bösen Taten bewusst, korrigiert sie, bittet um Vergebung und kehrt zum festgelegten Lebensweg zurück, nämlich nach dem Guten zu streben.

Das setzt voraus, jeden Tag besser zu sein, das Projekt Gutsein zu vertiefen und auch angesichts von Schwierigkeiten und persönlichem Versagen nicht darin nachzulassen. Entscheidend ist, das Prinzip Gutsein wieder aufzunehmen, das stets unaufhaltsam wachsen kann. Niemand ist bis zu einem bestimmten Punkt gut, um dann zu meinem, er hätte sein Ziel erreicht. Das Gutsein kennt so wie andere positive Werte auch keine Grenzen.

Bei uns in Brasilien haben wir erlebt, wie ganze Menschenmassen dem Prinzip Bosheit folgten. Vor dessen Hintergrund war alles erlaubt: die Lüge, Fake News, Verleumdung und die Zerstörung von Biografien, die in bemerkenswerter Weise gut waren. Sie wurden in den digitalen Medien, die vom Prinzip Bosheit inspiriert waren, missbraucht.

Aus diesem Grund wurden Tausende zu Opfern von Covid-19, obwohl man sie retten hätte können. Indigenas wie etwa die

Yanomami wurden als Untermenschen betrachtet und in voller Absicht ihrem Schicksal überlassen. In diesen verhängnisvollen Jahren, in denen das Prinzip Bosheit regierte, starben mehr als 500 Kinder vom Volk der Yanomami an Hunger und den daraus resultierenden Krankheiten.

Die wichtigsten Institutionen des Landes wie Gesundheitsversorgung, Bildung, Wissenschaft und Sorge um die Natur wurden demontiert. Schließlich versuchte man auf hinterlistige Art einen Staatsstreich durchzuführen, um die Demokratie zu zerstören und ein diktatorisches Regime zu errichten, das kulturell hinterwäldlerisch und ethisch pervers gewesen wäre, weil die Folter ausdrücklich gepriesen wurde.

Es gab in dieser Zeit auch das Prinzip Gutsein, doch es wurde durch böse Taten verdrängt oder mit Asche bedeckt, die dessen Durchsetzungskraft verhinderten, aber es dennoch nicht völlig zerstören konnten, denn es gehört zum Wesen des Menschen.

Doch am Ende wird das Prinzip Gutsein immer den Sieg davontragen. Die heilige Flamme, die in einem jeden von uns lodert, kann niemals erstickt werden. Sie ist es, die den Widerstand am Leben erhält, die Kritik entzündet und dem Gerechten und Rechtschaffenen unbesiegbare Kraft verleiht.

Die Brutalität des Prinzips Bosheit wurde vom Prinzip Gutsein entschlossen besiegt, wenn auch nicht ausgetilgt. Dieses triumphierte unter dem Zeichen der Demokratie, des Rechtsstaats und des Respekts vor den grundlegenden Bürgerrechten.

Trotz aller Winkelzüge, Gewaltakte, Attentate, Drohungen und des schändlichen Missbrauchs des Staatsapparates, durch den der Wille der Menschen buchstäblich gekauft wurde oder sie daran gehindert wurden, ihre Stimme abzugeben, wurden diejenigen, die sich am Prinzip Bosheit orientieren, besiegt. Sie setzen ihr zerstörerisches Handeln fort, das heute durch den Aufstieg der extremen Rechten planetarische Ausmaße hat.

Doch sie müssen in die Schranken verwiesen und überwunden werden, indem man das Prinzip des Gutseins weckt, das in ihnen vorhanden ist. Verurteilt und gegebenenfalls auch bestraft, müssen sie das Gutsein des Lebens erfahren, das sich in ihnen verbirgt, auch wenn sie es verraten haben. Sie müssen sich für das Wohl eines ganzen Volkes engagieren und ihren Beitrag dazu leisten.

Aus der Geschichte sind uns Tragödien derer bekannt, die sich so sehr an das Prinzip der Bosheit geklammert haben, dass sie ihrem eigenen Leben ein Ende setzten, anstatt in Demut das Prinzip des Gutseins und ihre tiefste Humanität wieder zur Geltung zu bringen.

Vielleicht können uns zum Schluss die Worte des Erzbischofs von Canterbury, Steven Langton, aus dem 13. Jahrhundert n. Chr. inspirieren, die am christlichen Pfingstfest gesungen werden. Er bezieht sich hier auf den Schöpfergeist, der reinigt und ständig in der Natur und in der Geschichte am Werk ist. In ihm erkennt man den Primat des Prinzips des Gutseins.

> Was befleckt ist, wasche rein,
> Dürrem gieße Leben ein,
> heile du wo Krankheit quält.
>
> Wärme du, was kalt und hart,
> löse, was in sich erstarrt,
> lenke, was den Weg verfehlt.
> (zit. bei Boff 2014, 256)

Wenn solche Tugenden den Sieg davontragen, dann wird die Menschheit ihre wahre Humanität wiedererlangen: das Gutsein, das ihr zuinnerst eingeschrieben ist und einen dauerhaften Frieden bringen wird.

„Seid barmherzig, wie euer Vater im Himmel barmherzig ist"

Das Christentum hat die goldene Regel der Nächstenliebe erweitert. Es predigt die bedingungslose Liebe, die sogar unsere Feinde mit einschließt. So heißt es: „Liebt eure Feinde, betet für die, die euch verfolgen, damit ihr Söhne eures himmlischen Vaters seid. Denn er lässt die Sonne aufgehen über Gute und Böse, und er lässt es regnen über Gerechte und Ungerechte. Wenn ihr die liebt, die euch lieben, was habt ihr dann den anderen voraus? Tun dies nicht auch die Steuereintreiber? Wenn ihr nur eure Brüder grüßt, was ist daran außergewöhnlich? Tun das nicht auch die Heiden?" (Mt 5,44–47)

Der Evangelist Lukas bietet uns eine direktere Version: "Liebt eure Feinde. So werdet ihr Söhne und Töchter des Allerhöchsten sein, denn er ist gütig gegenüber den Undankbaren und Schlechten. Seid barmherzig, wie der Vater barmherzig ist." (Lk 6,35–36)

Wer fühlte sich denn nicht zuweilen „undankbar und schlecht"? Genau dann trösten uns diese ermutigenden Worte: Der Vater ist gütig, trotz unserer Bosheiten. Und so erleichtern wir die Last unseres Gewissens, das uns begleitet, wohin wir auch gehen. Hier finden die tröstenden Worte aus dem ersten Johannesbrief ihren Widerhall: „Wenn dich dein Herz anklagt, dann wisse: Gott ist größer als unser Herz." (1 Joh 3,20) Diese Worte müssten jedem gläubigen Sterbenden ins Ohr geflüstert werden.

Von solchem göttlichen Verständnis künden uns die Worte eines der ermutigendsten Psalmen der Bibel, des Psalms 103: „Der Herr ist reich an Barmherzigkeit. Er klagt nicht ständig an noch hegt er Groll für immer. Wie ein Vater empfindet er Mitleid mit seinen Söhnen und Töchtern. So hat der Herr Mitleid mit denen, die ihn lieben, denn *er kennt unser Wesen und weiß, dass wir aus Staub sind.*" (Ps 103,9–14)

Eines der Merkmale des Gottes der Bibel ist seine Barmherzigkeit, weil er weiß, dass wir schwach und vergänglich sind „wie die Blumen des Feldes; es genügt ein Windhauch, und wir existieren nicht mehr" (Ps 103,15). Dennoch hört er niemals auf, uns als seine geliebten Kinder zu lieben und sich unserer moralischen Schwächen zu erbarmen.

Eines der grundlegenden Merkmale Gottes, von dem uns unser Meister kündete, war eben diese grenzenlose Barmherzigkeit

Gottes, des Abba (des lieben Papa). Für ihn reicht es nicht, gut zu sein. Man muss barmherzig sein. Das Gleichnis vom verlorenen Sohn veranschaulicht dies mit einer außergewöhnlichen menschlichen Zärtlichkeit (Lk 15,11–32).

Der Sohn verlässt das Haus, verschleudert sein Erbe durch einen liederlichen Lebenswandel und beschließt plötzlich voll Heimweh, nach Hause zurückzukehren. Der Vater hatte lange auf ihn gewartet und an der Straßenecke Ausschau nach ihm gehalten, um zu sehen, ob er nicht wieder auftauche. „Von ferne schon", heißt es im Text, „sah der Vater den Sohn, und voll innerer Rührung lief er ihm entgegen, fiel ihm um den Hals und übersäte ihn mit Küssen" (Lk 15,20). Das ist die höchste Liebe, die zur Barmherzigkeit wird. Sie verlangt nichts von ihm. Es genügt, dass er wieder ins Vaterhaus zurückgekommen ist. Und er bereitete ihm voller Freude ein großes Fest.

Dieser barmherzige Vater repräsentiert den himmlischen Vater, der die Undankbaren und Schlechten liebt. Er nahm den Sohn, der sich selbst im Leben verloren hatte, mit unendlicher Barmherzigkeit auf. Der einzige Sohn, der kritisiert wird, ist der gute Sohn. Er war wirklich sehr gut. Doch für Jesus genügte es nicht, gut zu sein. Er musste barmherzig sein. Und er war es nicht. Deshalb ist er der Einzige, der einen Tadel hinnehmen muss, weil er den Bruder, der zurückgekehrt war, nicht verstand.

Doch man muss eine Sache betonen, die die Einzigartigkeit der Botschaft des Nazareners deutlich macht. Ihm geht es um mehr als dass wir einfach unseren Nächsten lieben wie uns selbst. Wer ist für Jesus der Nächste? Es ist nicht mein Freund und auch nicht der, der mir am nächsten, an meiner Seite, steht. Der Nächste ist für Jesus ein jeder, dem ich mich nähere. Dabei kommt es nicht so sehr auf seine Herkunft oder seinen moralischen Status an. Es genügt, dass er ein Mensch ist.

Das Gleichnis vom barmherzigen Samariter ist hierfür bezeichnend (Lk 10,30–37). Da liegt einer am Straßenrand, „halb tot", ein Unbekannter, das Opfer eines Überfalls. Es kommt ein Priester vorbei, der möglicherweise spät dran ist und zu seinem Dienst im Tempel muss. Es kommt auch ein Levit vorbei, der es mit der Vorbereitung des Altars eilig hat. Beide sehen ihn und „machen einen Bogen um ihn“. Es kommt ein Samariter vorbei, der für Juden ein Häretiker ist. „Er nahm sich seiner an und hatte Mitleid mit ihm“, versorgte ihm die Wunden und brachte ihn in ein Gästehaus, bezahlte alles und ließ noch mehr Geld da, als notwendig war.

„Wer von den Dreien war nun sein Nächster?“ fragt der Meister. Es war der Häretiker, der sich dem Opfer der Räuber näherte. Die Liebe unterscheidet nicht. Ein jeder Mensch ist der Liebe und Barmherzigkeit wert. Der Priester und der Levit waren gewiss gute Leute, doch es fehlte ihnen das Wichtigste: die Barmherzigkeit, das Herz, das sich angesichts des Schmerzes des anderen regt.

Zusammengefasst lässt sich sagen: Wenn Jesus uns aufträgt, den Nächsten zu lieben, dann heißt das, jenen Unbekannten und Diskriminierten zu lieben. Sein Liebesgebot meint, die Unsichtbaren, die gesellschaftlichen Nullen, jene zu lieben, die niemand sieht und an denen alle vorbeigehen, jene zu lieben, die auf dem Höhepunkt der Geschichte, wenn alles ans Licht tritt, von ihm „die Geringsten meiner Brüder“ genannt werden. „Wenn ihr einen von ihnen geliebt habt, dann habt ihr mir diese Liebe zuteil werden lassen.“ (vgl. Mt 25,40) Der heilige Franziskus war es, der dieses einzigartige „mehr“ der Botschaft Jesu am besten verstanden hat. Deshalb heißt es in dem ihm zugeschriebenen Gebet: „Meister, lass mich mehr danach trachten, zu trösten als getröstet zu werden, zu verstehen als verstanden zu werden, zu lieben als geliebt zu werden.“

Covid-19 hat in besonderer Weise an den viel kritisierten Mitgliedern der Landlosenbewegung, der Obdachlosenbewegung und anderer gezeigt, dass die vom Menschensohn gelebte Botschaft von der barmherzigen Liebe, besonders den Vernachlässigten in den Randzonen der großen Metropolen gegenüber, nicht erloschen ist und noch immer lebt und leuchtet.

Wer sind wir Menschen?

Es gibt eine Frage, die sich ein jeder an einem bestimmten Punkt des Lebens stellt: Wer bin ich eigentlich? Warum bin ich hier auf Erden? Welchen Sinn hat mein Leben? Wer schuf diesen unendlich weiten Himmel voller Sterne und Galaxien? Was kann ich über dieses Leben hinaus erhoffen? Diese Fragen sind nicht zu verdrängen. Ich versuche stammelnd eine Antwort zu geben, die unvollständig, nicht abschließend und offen für Bereicherungen von anderer Seite ist.

1. Wer sind wir als Menschen? Auf diese Frage hat eine jede Kultur, eine jede Wissensweise und jeder Mensch individuell eine Antwort zu geben versucht. Die Verstehensweisen sind jedoch unvermeidlich eingeschränkt, denn sie sind von einem bestimmten Standpunkt abhängig und damit immer eine Ansicht von einem Punkt aus. Deshalb sagt keine der Antworten alles, die Antworten ergänzen einander vielmehr.

2. Die Beiträge der Geowissenschaften haben uns im Rahmen einer erweiterten Evolutionstheorie, die ihnen Einheit verleiht, komplexe und umfassende Einsichten vermittelt. Sie haben uns als ein Moment des globalen, kosmischen, biologischen und kulturellen Prozesses erfasst. Doch selbst damit konnten sie die Frage nicht zum Verstummen bringen. Sie haben sie vielmehr noch radikalisiert und sie dabei stets offen gehalten.

3. Wer ist nun der Mensch? Der Mensch ist eine Ausdrucksgestalt jener unvorstellbaren, mächtigen und liebevollen Quelle der ursprünglichen Hintergrundenergie, die alles nährt und aus der alles hervorgeht. Sie wird Quantenvakuum genannt, obwohl sie nichts von einem Vakuum an sich hat, denn sie ist die Fülle aller möglichen Energien. Sie ist vielmehr *der nährende Abgrund aller Seinsformen*. Ich würde sagen: *jenes Sein, das alle Seinsformen im Sein hält*.

4. Was ist der Mensch? Er ist ein kosmisches Wesen, Teil eines Universums neben anderen Paralleluniversen in neun Dimensionen (String-Theorie), gebildet aus denselben (nach Medelejews Periodentafel etwa einhundert) physikalisch-chemischen Elementen

und aus denselben Energien, aus denen sich alle Seinsformen zusammensetzen.

5. Er ist Bewohner einer von Milliarden anderen Galaxien, der Milchstraße und ist von der Sonne, einem Stern fünfter Größenordnung, einem von dreißig Milliarden, abhängig, der sich im inneren Arm des Orion-Spiralnebels befindet. Wohnort des Menschen ist der dritte Planet in diesem Sonnensystem, die Erde.

6. Er ist ein Element im einen Strom des Lebens, und seine Gene setzen sich aus denselben Grundbausteinen (zwanzig Aminosäuren und vier Phosphat-Basen) zusammen wie die der übrigen Lebewesen.

7. Was ist der Mensch? Er ist ein Tier aus dem Zweig der Wirbeltiere und verfügt über Sexualität. Er zählt zur Klasse der Säugetiere aus der Ordnung der Primaten, der Familie der Hominiden, der Gattung Mensch, der Spezies Homo sapiens (demens). Sein Körper setzt sich aus 30 Milliarden Zellen zusammen, die sich aufgrund einer Genstruktur, die sich im Lauf von 3,8 Milliarden Jahren entwickelt hat, ständig erneuern. Darüber hinaus ist er mit einem Gehirn ausgestattet, das sich aus etwa 100 Milliarden Neuronen zusammensetzt und drei Ebenen umfasst: das Kleinhirn, das sich vor 200 Millionen Jahren gebildet hat und für unsere instinktiven Reaktionen verantwortlich ist; um dieses herum hat sich vor 125 Jahren das limbische System entwickelt, in dem unser Gefühlsleben und unser Fürsorgeverhalten verankert ist; diese beiden Ebenen werden schließlich vom Großhirn (Neocortex) ergänzt, das sich vor sieben bis acht Millionen Jahren gebildet hat und mit dessen Hilfe wir die Welt in eine begrifflich strukturierte Ordnung bringen.

8. Der Mensch verfügt über eine Psyche, über Interiorität, die so alt ist wie sein Körper und es ihm ermöglicht, ein Subjekt mit Selbstbewusstsein zu sein. Die Struktur seiner Psyche ist um sein Begehren, ursprüngliche Archetypen und jegliche Art von Antrieben und Emotionen aufgebaut.

9. Er ist schließlich zur Krönung mit Geist ausgestattet, mit jenem Teil des Bewusstseins also, mit dem er erkennt, dass er Teil eines

Ganzen ist und dass alle Teile wechselseitig voneinander abhängig sind. Er erfasst das Band, das sie vereint und rückverbindet und inmitten des ursprünglichen Chaos einen Kosmos mit stets zerbrechlichen und für die Integration neuer Elemente offenen Ordnungen schafft.

10. Er ist biologisch betrachtet ein Mangelwesen, denn er verfügt über kein spezialisiertes Organ. Deshalb greift er, um zu überleben, mittels Arbeit in die Natur ein und bringt Wissenschaft, Technik und Kultur jeglicher Art hervor.

11. Er ist ein Wesen mit der Fähigkeit, Bedeutungen und Werte zu erfassen und selbst zu schaffen und sich über den Sinn Gedanken zu machen, der dem Ganzen und ihm selbst zugrunde liegt. Heute befindet er sich in seiner planetarischen Phase und bewegt sich in Richtung Noosphäre, in der Geist und Herz der Menschen in einer erweiterten und vereinten Menschheit zusammenfinden werden.

12. Was ist der Mensch? Er ist ein komplexes Wesen, das sich dessen bewusst ist, dass seine Conditio humana, seine konkrete Daseinsverfassung also, ihn einen Zusammenfall von Gegensätzen sein lässt. So ist er *sapiens* und *demens* zugleich, der Vernunft, der Liebe, der Vergebung und der Ekstase fähig und zugleich zu Hass, Ausgrenzung und Zerstörung imstande.

13. Aufgrund seines Bewusstseins und seiner Freiheit ist er ein ethisches Wesen, das wählen muss. Er muss sich entscheiden, ob er jener sein will, dessen Auftrag es ist, die Erde zu pflegen und Verantwortung für das Wohl der anderen Lebewesen zu übernehmen, oder jener, der aufgrund seiner Gier unterwerfen, verletzen, verwüsten und die fein abgestimmten Gleichgewichte der Natur stören kann.

14. Und schließlich ist er ein Wesen, das es wagt, das Band, welches alles miteinander verbindet und rückverbindet, seiner Anonymität zu entreißen und ihm stammelnd einen Namen zu geben, mit dem er seine Ehrfurcht und Liebe zum Ausdruck bringt: jenes Sein, das alle Seinsformen im Sein hält, die Ursprungsquelle von allem,

was existiert, Schöpfergeist, Krishna, Brahman, Tao, Jahwe, Allah, Olorum, Vater, Sohn und Heiliger Geist, mit einem Wort: Gott.

15. Was ist der Mensch? Niemand hat dies besser formuliert als der Mathematiker, Philosoph und Mystiker Blaise Pascal († 1662), der das komplexe Wesen des Menschen folgendermaßen in Worte gefasst hat:

> Denn was ist der Mensch schließlich innerhalb der Natur? Ein Nichts im Vergleich zum Unendlichen, ein Alles im Vergleich zum Nichts, eine Mitte zwischen Nichts und Allem, unendlich weit entfernt davon, die beiden Extreme zu verstehen. Das Ende der Dinge und ihr Anfang sind für ihn unüberwindbar verborgen in einem undurchdringlichen Geheimnis. (Pascal 2017, 137)

In ihm kreuzen sich die drei Unendlichen: das unendlich Kleine, das unendlich Große und das unendlich Komplexe (Teilhard de Chardin).

16. Wir sind ganze Wesen, doch immer noch im Prozess der Geburt und deshalb unvollständig. Wir befinden uns immer noch in unserer eigenen Vorgeschichte. Und obwohl wir das Nebeneinander von Gegensätzen darstellen, erfahren wir, dass wir ein unendlicher Entwurf sind, der nach dem ihm adäquaten, ebenfalls unendlichen, Ziel verlangt. Und der Mensch wird so lange in ängstlicher Unruhe verharren, solange er nicht in diesem Unendlichen Ruhe findet, das als Gott erkannt wurde.

17. Und wir sind alle sterblich. Es fällt uns schwer, den Tod innerhalb des Lebens als den möglichen geheimnisvollen Übergang zu einer anderen Form des Lebens und einem anderen Bewusstseinsstand anzunehmen. Und wir leiden an der Dramatik des menschlichen Geschicks, das zuweilen wirklich tragisch ist. Doch mithilfe der Liebe, der Kunst, der Vorstellungskraft, der Poesie, der Literatur, des Glaubens und der Hoffnung weigern wir uns, uns damit abzufinden, dass das Leben im Tod endet. Vielmehr ahnen wir, dass es in ihm etwas gibt, das stärker ist als der Tod. Und wir gehen davon aus, dass in der Schlussbilanz aller Dinge eine kleine Geste echter Liebe mehr zählt als alle Materie und Energie des Universums zusammen.

Deshalb hat es nur dann einen Sinn, von Gott zu sprechen, an ihn zu glauben und auf ihn zu hoffen, wenn er als die Verlängerung des Lebens und der Liebe in Gestalt des Unendlichen verstanden wird.

18. Was ist der Mensch? Er ist all dies und noch mehr, was man unaufhörlich hinzufügen könnte. Und nach all dem, was gesagt wurde, schweigen wir angesichts seines Geheimnisses, das dem absoluten Geheimnis entspricht.

19. Was ist der Mensch? Eine offene Frage, auf die man nur mit einer anderen, radikalen Frage antworten kann: Ist er nicht etwa Gott selbst in seinem Spiegelbild und im Exil seiner selbst, der bei seiner Rückkehr in sich selbst all das auf sich nimmt, was er selbst als Ausdruck des höchsten Überströmens seines Seins und seiner Liebe geschaffen hat? Werden wir nicht am Ende selbst Gott durch Teilhabe sein, wie dies der Mystiker Johannes vom Kreuz sagt?

20. Jetzt erst kommen wir zur Ruhe, da all unsere Worte erstorben sind. Wir schweigen und versinken in Betrachtung.

III. Strategien, um das Ende der Welt hinauszuschieben

Haben wir es verdient, weiter auf dem Planeten Erde zu existieren?

Wir sind heute Zeugen einer dramatischen Situation der Menschheit, der lebendigen Erde und ihrer Ökosysteme und der Beziehungen zwischen den Staaten. Etliche von ihnen führen militärisch oder wirtschaftlich Krieg gegeneinander. In Afrika bekämpfen Stämme einander, wobei dem Gegner Arme und Beine abgetrennt werden, eine Atommacht wie Russland überfällt ein Brudervolk wie die Ukraine. Wir erleben auch, wie Regenwälder im Amazonasbecken und im Kongo zerstört werden.

Wenn wir den wissenschaftlichen Berichten der Klimaforscher Glauben schenken, dann haben wir bereits den kritischen Punkt der Erderwärmung überschritten und es gibt kein Zurück mehr. Weder Wissenschaft noch Technik werden uns noch retten können. Sie können uns lediglich warnen und die schädlichen Auswirkungen abmildern. Wir sind wirklich in Sorge um unsere Zukunft als Spezies.

Diese Sorge nimmt noch zu, wenn uns bereits skeptische Wissenschaftler sagen, dass wir dabei sind, das Anthropozän, jene erdgeschichtliche Epoche also, in der der Mensch die große Bedrohung für das Leben ist und in der wir uns bereits mitten im sechsten Massensterben befinden, noch zu radikalisieren und vom Nekrozän (Massensterben lebender Organismen in der Größenordnung von 70.000 bis 100.000 Arten pro Jahr) nun zum Pyrozän (dem Zeitalter des Feuers auf Erden) gelangen. Dies ist vielleicht die für unser Überleben gefährlichste Phase. Abgesehen vom Handeln des Menschen lässt sich feststellen, dass die Böden ihre Feuchtigkeit verloren haben, dass Steine überhitzen und trockene Blätter und Zweige verheerende Brände auslösen, wie dies im Jahr 2022 in fast ganz Europa bis nach dem an sich feuchten Sibirien, in Australien, in Kalifornien und im Jahr 2023 in Kanada und besonders in Amazonien der Fall war.

Ja mehr noch: Wenn wir sehen, dass die Staatschefs und die Chefs der großen Unternehmen solche Daten verheimlichen oder ihnen keine Bedeutung beimessen, um die Geschäfte nicht zu stören, dann müssen wir ihnen ins Gesicht schreien, dass sie ihr eigenes Grab schaufeln.

Schlimmer noch: Oxfam und andere Organisationen zeigen auf, dass nur 1 % der Weltbevölkerung praktisch den größten Teil der Finanzströme kontrolliert und mehr Reichtum besitzt als fast die Hälfte der Weltbevölkerung (3,7 Milliarden) und dass in Brasilien FORBES zufolge 318 Milliardäre einen großen Teil des Reichtums an Fabriken, Ländereien, Investitionen, Holdings, Banken, usw. besitzen. Und das in einem Land, in dem Millionen hungern und weitere Millionen unzureichend ernährt sind (sie essen heute, ohne zu wissen, was sie morgen und danach essen werden), in dem Millionen arbeitslos oder nur im informellen Sektor tätig sind. Das wirft unweigerlich die Frage auf: Sind wir Menschen noch menschlich, oder leben wir in unserer eigenen Vorgeschichte, ohne bereits entdeckt zu haben, dass wir gleich sind und dasselbe Gemeinsame Haus bewohnen?

Bei all diesem Unglück, für das hauptsächlich die reichen Industrieländer verantwortlich sind (und nicht die Armen Afrikas und Lateinamerikas), spitzt sich die Frage noch zu: Wenn wir diesen Weg der Zerstörung unaufhaltsam weiter beschreiten, verdienen wir es dann noch, auf diesem Planeten zu leben? Oder verfügt etwa die Erde über ihre eigene Strategie, wie das Coronavirus gezeigt hat? Findet sie etwa, wenn eine Spezies alle anderen allzu sehr bedroht, einen Weg, deren Raserei zu mildern oder sie sogar auszutilgen, damit die anderen weiter auf ihr existieren und sich auf dem Erdboden entwickeln können?

In diesem Zusammenhang erinnere ich mich an das Wort eines der großen brasilianischen Soziologen, Alberto de Souza, genannt Betinho, der in seinen Vorträgen oft zu sagen pflegte: „Das größte Problem ist nicht wirtschaftlicher, politischer, ideologischer oder religiöser Art. Das größte Problem ist die mangelnde *Empfindsamkeit* des Menschen für seinen Nebenmenschen.“ Wir haben die Fähigkeit verloren, Mitleid mit dem zu haben, der leidet, dem die Hand entgegenzustrecken, der um ein Stück Brot bittet oder einen Platz zum Schlafen sucht, wenn es kalt ist oder in Strömen regnet.

Die Kultur des Kapitals hat uns zu Individualisten und Konsumenten gemacht und keineswegs zu den Nächsten unseres Nächsten und zu Bürgern und Bürgerinnen mit Rechten, und erst recht nicht gesteht es uns zu, uns als Brüder und Schwestern zu empfinden, obwohl wir doch als Menschen genauso wie mit den übrigen Lebewesen dieselben physikalisch-chemischen Bestandteile gemeinsam haben.

Da war einer, der vor mehr als zweitausend Jahren unter uns weilte und uns lehrte, die Liebe, die Solidarität, das Mitleid, den Respekt und die Ehrfurcht vor der höchsten Wirklichkeit zu leben, einer Wirklichkeit, die selbst nur aus Barmherzigkeit und Vergebung besteht. Und aufgrund dieser wahrlich radikal menschlichen Wahrheiten, die im Widerspruch standen zur Religion der Frommen seiner Zeit (Pharisäer und Priester), wurde er als ein Feind der religiösen Überlieferung, als ein subversives Element gegenüber der ethischen Ordnung der Zeit betrachtet und schließlich von eben diesen Frommen verurteilt und außerhalb der Stadt ans Kreuz geschlagen, das ein Symbol für die Verfluchung durch Gott und die Gottverlassenheit war. Er ertrug das alles in Solidarität mit seinen Brüdern und Schwestern, die eine ähnliche Situation durchmachen.

Seine Botschaft hat bis heute Bestand. Zu einem großen Teil wurde sie verraten oder spiritualisiert, um sie ihres verändernden Charakters zu berauben, und die Welt blieb so, wie sie ist, mit ihren Mächten und Gewalten und ihren schrecklichen Ungleichheiten. Doch wenige andere folgen seinem Beispiel, dem Beispiel seiner Praxis und seiner bedingungslosen Liebe. Viele von ihnen haben genau aus diesem

Grund sein Schicksal geteilt: Verleumdung, Verachtung und physische Auslöschung. Sie lebten den Geist der Seligpreisungen. Doch ich glaube, um dieser wenigen willen hält Gott sich noch zurück und gibt uns nicht dem Untergang preis.

Angesichts dieses düsteren Szenarios kommen mir trotz dieser Überzeugung die Worte aus dem Buch Genesis in den Sinn:

> Der Herr sah, wie sehr die Bosheit der Menschen auf der Erde zugenommen hatte und wie all ihr Trachten des Herzens nur auf das Böse gerichtet war. Da reute es den Herrn, dass er die Menschen auf Erden geschaffen hatte, und Schmerz erfüllte sein Herz. Da sagte der Herr: Ich werde den Menschen vom Antlitz der Erde entfernen, den ich geschaffen habe, und mit ihm die Tiere, von den Reptilien bis zu den Vögeln des Himmels, denn ich bereue es, sie gemacht zu haben. (Gen 6,5–7)

Diese vor etwa dreitausend Jahren niedergeschriebenen Worte scheinen unsere Situation zu beschreiben. Der Mensch, der in den Garten Eden (die lebendige Erde) gesetzt wurde, um ihn zu behüten und zu pflegen, ist zu dessen größter Bedrohung geworden. Nicht genug, dass er zum Menschenmörder wurde wie Kain oder zum Völkermörder, der in Amerika und Afrika ganze Völker auslöschte. Er wurde des Ökozids schuldig, indem er ganze Ökosysteme zerstörte und verwüstete. Und nun tritt er als Täter eines Biozids auf den Plan, der das Leben der Biosphäre und sein eigenes menschliches Leben aufs Spiel setzt.

An dieser Stelle ist es angebracht, aus den wissenschaftlichen Berichten einer großen nordamerikanischen Journalistin, nämlich Elizabeth Kolbert, zu zitieren. Nachdem sie ihr preisgekröntes Buch *Das sechste Sterben* (Kolbert 2016) geschrieben hatte, veröffentlichte sie ein weiteres unter dem Titel *Wir Klimawandler* (Kolbert 2021). Dort beschreibt sie die verzweifelten Versuche der Wissenschaftler, die aus der Erderwärmung resultierende totale Katastrophe, deren Gefahr von Tag zu Tag zunimmt, zu verhindern. Allein im Jahr 2022 wurden 40 Milliarden Tonnen CO_2 in die Atmosphäre emittiert.

Diese Wissenschaftler schlagen vor, mithilfe des Geoengineering, das heißt der künstlichen Manipulation der Atmosphäre, einen großen Teil der Sonneneinstrahlung zu blockieren, damit die Erde nicht weiter erhitzt wird. Was wären die Folgen, insbesondere für die Biosphäre, für die Photosynthese und für alles, was von der Sonne abhängt? Deshalb ist diese Art von Technologie fragwürdig. Sie schüfe mehr Probleme als sie lösen kann.

Théodore Monod (1902–2000), einer der größten Naturforscher, schrieb ein Buch mit dem Titel *Et si l'aventure humaine devait échouer?* (2002). Übersetzt heißt das in etwa: Und wenn das Experiment Mensch scheitern musste? Grund für diese in Frageform formulierte Annahme ist die erschreckende Destruktivkraft der Menschen, denn, so schreibt er: „Wir sind eines unvernünftigen und dummen Benehmens fähig. Ab nun kann man alles befürchten, sogar die Auslöschung der menschlichen Spezies." (Monod 2002, 246).

Ich bin ein hoffender Pessimist. Pessimist bin ich angesichts der perversen Realität, in der wir leben und unter der wir leiden. Hoffnung habe ich dennoch, weil ich glaube, dass sich der Mensch aufgrund eines Quantensprungs in seinem Bewusstsein ändern und eine neue, lebens- und naturfreundliche Ordnung errichten kann. Ja mehr als das: Wir glauben an den Schöpfer, der aus dieser Krise und gegebenenfalls aus dem Verderben unseres Planeten eine andere Art von Menschen hervorgehen lassen kann, die sich zueinander geschwisterlicher und dem Gemeinsamen Haus gegenüber respektvoller verhalten.

Die Warnung der Weisen: Wir könnten unserem Ende entgegengehen

Der Traum von einer Geschwisterlichkeit ohne Grenzen und einer sozialen Freundschaft, wie ihn Papst Franziskus in seiner Enzyklika *Fratelli tutti* formuliert hat (Nr. 6) – beides sind tragende Säulen einer neuen Weltordnung –, speist sich aus dem Bewusstsein, dass wir uns in einer planetarischen Notstandssituation befinden. Die Bedrohungen, denen das Leben ausgesetzt ist, und die gefährdete

Nachhaltigkeit der Erde veranlassen ihn zu sagen, dass wir uns „in einem Boot“ befinden, „dass keiner sich allein retten kann“, dass wir uns entweder alle zusammen retten oder dass eben niemand gerettet wird (Nr. 32).

Deshalb müssen wir uns entschlossen ändern, das heißt einen Paradigmenwechsel vollziehen und vom herrschenden Paradigma, das die Moderne hervorgebracht hat, dem des Herrn und Gebieters (*dominus*) über die Natur, der sich nicht als Teil derselben begreift und sie deshalb ausbeuten kann, zum Paradigma des Bruders und der Schwester (*frater*) übergehen, innerhalb dessen sich der Mensch als Bruder oder Schwester aller Seinsformen begreift, der den Auftrag hat, sie zu hüten und zu bewahren.

Deshalb bilden die Tugenden die Grundlage des Vorschlags des Papstes, die innerhalb des Paradigmas des „Herrn und Gebieters“ nicht vorhanden sind oder lediglich individuell gelebt werden: die universale Liebe, die soziale Freundschaft, der achtsame Umgang mit allem, was existiert und lebt, die grenzenlose Solidarität, die Zärtlichkeit und Freundlichkeit in allen zwischenmenschlichen Beziehungen und gegenüber der Natur. Solche Tugenden, die bis dahin privat geübt wurden, werden nun universalisiert. Die Alternative, die der Papst vorschlägt, wächst auf dem Nährboden dessen, was dem Menschen wesentlich und das Beste an ihm ist, was uns erst wirklich zu Menschen macht.

Der Papst ist sich dessen bewusst, wie ungewöhnlich sein Vorschlag klingen mag, und gesteht zu: „Das scheint eine naive Utopie, aber wir können auf dieses höchste Ziel nicht verzichten.“ (*Fratelli tutti*, 190) In der Tat gibt es Stimmen von Wissenschaftlern und Weisen, die uns vor den Risiken warnen, die wir derzeit in Kauf nehmen. Ich habe einige davon ausführlich dargestellt, um die Dringlichkeit des Vorschlags des Papstes konkret vor Augen zu führen, der sich gleichsam trotz seines unerschütterlichen Glaubens und seiner in „Gott, dem leidenschaftlichen Liebhaber des Lebens“ (Weish 11,26; vgl. *Laudato si’*, 77 und 89) verankerten Hoffnung am Abgrund der Verzweiflung befindet.

Aufgrund der Kühnheit seines Vorschlags bezieht er sich auch auf das, ohne das das Leben keine Zukunft hätte: auf die Tugend der Hoffnung und das Prinzip Hoffnung. Er lädt dazu ein, die Hoffnung zu nähren, die zu uns von einer Wirklichkeit spricht, die im Tiefsten des Menschen verankert und unabhängig von den konkreten Umständen und historischen Bedingtheiten ist, in denen er lebt.

„Die Hoffnung ist kühn. Sie weiß über die persönliche Bequemlichkeit, über die kleinen Sicherheiten und Kompensationen, die den Horizont verengen, hinauszuschauen, um sich großen Idealen zu öffnen, die das Leben schöner und würdiger machen. Schreiten wir voller Hoffnung voran! (*Fratelli tutti*, 55)

Die Hoffnung hat eine objektive Grundlage: den virtuellen Charakter der Wirklichkeit. Das objektiv Gegebene ist nicht alles Wirkliche. Zum Wirklichen gehört auch das Potenzielle und Utopische, das, was noch nicht ist, aber sein kann. Die aktuelle Situation macht uns deutlich, dass wir uns wie der Satan der Erde benehmen, dass wir uns untereinander wie Wölfe verhalten und Geiseln der Kultur des Kapitals, des unbegrenzten Wettbewerbs und des ungezügelten Konsums sind, für den die großen Bevölkerungsmehrheiten auf der Erde den Preis bezahlen.

Doch diese Situation ist nicht alles und wir sind nicht dazu verdammt, sie fortzusetzen und zu verewigen. In uns gibt es auch das Potenzial und das lebbare Utopische, dass wir die Hüter des Lebens, dass wir einander und gegenüber den übrigen Lebewesen der Natur Brüder und Schwestern sind. Dies betont die Enzyklika *Fratelli tutti* mit Nachdruck.

Dieses Potenzial ist Teil unserer Wirklichkeit. Und wenn es potenziell vorhanden ist, dann kann es aktiviert werden, zum persönlichen Lebensentwurf und zum politischen Projekt und zur Inspirationsquelle von Praktiken werden, die der Geschichte einen rettenden Sinn verleihen.

Machen wir uns indessen die schweren Risiken bewusst, die auf uns lasten und auf die uns die besten Vertreter der verschiedenen wissenschaftlichen Disziplinen hinweisen, welche sich mit der Erde und dem Leben beschäftigen. Hier nur einige Beispiele:

Der französische Genetiker Albert Jacquard sagt uns sinngemäß: "Wir gestalten eine Erde, in der niemand von uns leben will. Wir müssen uns beeilen, denn der Countdown hat bereits begonnen." (Jacquard 2009).

Norberto Bobbio, ein bekannter Jurist und Philosoph, ist zwar von seinem persönlichen Naturell her eher melancholisch, doch er setzte auf die Potenziale der zwei großen Revolutionen des Abendlandes: auf die der Menschenrechte und auf die der Demokratie. Beide würden als Grundlage für seinen Vorschlag eines juridischen und politischen Pazifismus dienen, der in der Lage ist, das Problem der Gewalt als Logik des Antagonismus zwischen den Staaten infrage zu stellen. Doch die Ereignisse, die einem globalisierten Terrorismus entspringen, verunsicherten den alten und verehrten Meister in seinen Überzeugungen. In einem seiner letzten Interviews sagte er:

> Ich könnte nicht sagen, wie das dritte Jahrtausend aussehen wird. Meine Gewissheiten bröckeln ab, und in meinem Kopf geistert nur noch ein großes Fragezeichen herum. Wird es das Jahrtausend des alles vernichtenden Krieges sein oder das der Eintracht unter den Menschen? Ich bin nicht in der Lage, auf diese Frage eine Antwort zu geben.

Am Ende seines Lebens formulierte der große Historiker Arnold Toynbee († 1975), nachdem er zehn Bände über die großen Zivilisationen in der Geschichte verfasst hatte, in seinem autobiografischen Band *Erlebnisse und Erfahrungen* im Jahr 1969 diese düstere Einschätzung:

> Ich habe zu Lebzeiten mit angesehen, dass die Gewissheit über das Kommen der „Letzten Dinge" in der Welt des Westens verblasste und das Ende der Menschheitsgeschichte in den Bereich der irdischen Möglichkeiten rückte, die nicht von der Hand Gottes, sondern von Menschenhand herbeigeführt werden. (Toynbee 1970, 373–373)

Ernst klingen die Mahnungen von Martin Rees, des königlichen Astronomen aus Großbritannien. Auf der Grundlage vieler

Erkenntnisse, zu denen er Zugang hat, vertritt er in seinem Buch *Unsere letzte Stunde* die Auffassung, dass die Menschheit heute in größerer Gefahr ist als jemals zuvor in der Geschichte: „Die Chance, dass unsere gegenwärtige Zivilisation auf der Erde das Ende des gegenwärtigen Jahrhunderts noch erlebt, ist, glaube ich, nicht höher als fünfzig zu fünfzig." (Rees 2003, 16)

Man sollte noch an die mahnenden Worte von Eric Hobsbawm, einen der größten Historiker des 20. Jahrhunderts, der große Autorität genießt, erinnern, die ich anfangs bereits zitiert habe (weiter oben, S. 11.70)

Die Covid-19-Pandemie hat uns eine unüberhörbare Warnung geschickt: Wenn wir mit unserem aggressivem Verhalten gegenüber der Natur weitermachen, dann kann uns noch Schlimmeres widerfahren: Andere, noch tödlichere Viren als Covid-19 könnten uns heimsuchen.

Diese Situation wirft eine humanistische und philosophische Frage auf: Kann man noch Hoffnung in den Menschen setzen, der sich als Bruder und Schwester der anderen empfindet? Kann er im Hinblick auf die Beziehung zur Natur, zur Gesellschaft, zur Moralität und Humanität besser werden? Oder sind wir dazu verdammt, unsere historische Tragödie bis zum bitteren Ende durchzumachen, bis zu unserer Selbstzerstörung? In seiner Enzyklika *Laudato si'* schließt Papst Franziskus diese Möglichkeit nicht aus (vgl. *Laudato si'*, 161).

Sicher gibt es keine abschließende Antwort auf Fragen dieser Radikalität. Doch wenn wir in den Zeiten nach der Pandemie keine substanziellen Änderungen unserer Art und Weise zu produzieren, das Produzierte zu verteilen, zu konsumieren und uns mit der Natur in Beziehung zu setzen vornehmen, dann können wir tatsächlich von der Zerstörung eines großen Teils der Menschheit, wenn nicht gar der Menschheit insgesamt, überrascht werden.

Die Mutter Erde wird, heimgesucht vom Schmerz darüber, dass sie geliebte, wenn auch rebellische Söhne und Töchter verliert, die sie hervorgebracht hat, ihren Lauf um die Sonne fortsetzen, aber nun ohne uns.

Theoretische Überlegungen, um zu verstehen, was in der Welt vor sich geht

Jede geschichtlich-gesellschaftliche Realität, egal, ob sie ein gutes Bild abgibt oder in eine Situation des Chaos versinkt, erfordert einen theoretischen Rahmen (eine Begrifflichkeit), um sie zu verstehen und den mit ihr möglicherweise einhergehenden Bedrohungen zu begegnen oder eine möglicherweise entstehende neue Ordnung mit ihren Verheißungen zu begrüßen.

Der erste theoretische Bezugsrahmen orientiert sich an der Wissenschaft, wie sie allgemein praktiziert wird und deren Methode im 18. Jahrhundert mit den Gründungsvätern des Paradigmas der Moderne ihren Anfang nahm. Die Wissenschaft in diesem Sinne gelangte zu ihrem klarsten Ausdruck mit den Ergebnissen des IPCC (Intergovernmental Panel on Climate Changes), jenem internationalen Gremium, das die Entwicklung der Erderwärmung und den Zustand der Erde kritisch beobachtet. Sie folgt dabei dem Prinzip des Gegensatzpaares Ordnung und Unordnung.

Die Fakten, die man hier reflektiert, stellen, wenn man etwa die Ausbreitung von Covid-19 als Beispiel nimmt, die Reaktion der Erde auf die Aggression vonseiten der Menschen im Erdzeitalter des Anthropozäns dar. Ein anderes Faktum ist die zunehmende globale Erwärmung durch den Treibhauseffekt, wobei wir wissen, dass das wichtigste Treibhausgas, Kohlendioxid, eine Verweildauer in der Atmosphäre von etwa hundert Jahren aufweist. Angesichts der industrialistischen Gier stoßen wir hier an eine gefährliche Grenze. Bis zum Jahr 2030 müssen drastische Reduktionen erfolgen, andernfalls kommt es zu einer dramatischen Veränderung des Gleichgewichts der Erde, welche die Biosphäre ernsthaft bedroht und Millionen Menschen auf der Welt zu Flüchtlingen machen würde.

Eine weitere Tatsache ist die Überlastung der Erde (*Earth Overshoot*), das heißt die Erschöpfung der für die Aufrechterhaltung des menschlichen und planetarischen Lebens notwendigen Güter und Kapazitäten. Sie wird immer drückender, wie man im Jahr 2022 sehen konnte, in dem der Erdüberlastungstag bereits auf den 27. Juli datiert werden musste. Wenn wir das derzeitige Konsumniveau beibehalten, das bereits anderthalb Erden erforderte, dann führt das zu gravierender sozialer Ungleichheit. Es gibt noch die „neun planetarischen Grenzen der Entwicklung", die nicht überschritten werden dürfen (Klima, Wasser, Boden, Artenvielfalt, Ausdünnung der Ozonschicht, Versäuerung der Ozeane, usw.). Vier davon weisen bereits ein hohes Maß an Erosion auf. Mit der fünften könnte ein Dominoeffekt einsetzen, denn alle Faktoren sind systemisch und miteinander verbunden. So könnte es zum Zusammenbruch unserer Zivilisation kommen.

Schlussendliches Ergebnis: Das Szenario ist dramatisch für das System Leben und das System Erde, was verschärft wird durch das fehlende kollektive Bewusstsein von den realen Bedrohungen, die auf der Menschheit lasten. Dieses Bewusstsein ist sowohl bei der Mehrzahl der Menschen als auch bei den Regierungschefs in hohem Maß nicht vorhanden. Wir laufen Gefahr, uns in den Leichenzug einzureihen, der zu unserem eigenen Begräbnis schreitet (Zygmunt Bauman). Diese Sichtweise führt zu Pessimismus und Gleichgültigkeit der Menschen im Hinblick auf die Ökologie.

Der zweite theoretische Bezugsrahmen geht von der neuen Kosmologie, den Lebens- und Geowissenschaften aus. Die zentrale Kategorie ist nicht die Ordnung, sondern das Chaos. Hier nutzt man die Erkenntnisse der Chaostheorie, die uns eine positivere und verheißungsvollere Sichtweise bietet. In Verbindung mit Einsteins Relativitätstheorie, der Quantenmechanik von Heisenberg und Bohr und der Chaostheorie von Lorenz und Prigogine wurde ein neues wissenschaftliches Paradigma begründet, das die geschichtlich-gesellschaftliche Realität anders interpretiert.

Alles im Universum entstammt einem unermesslichen Chaos (Urknall). Diese Explosion vor 13,7 Mrd. Jahren schleuderte Materie, Energie und Information in alle Richtungen.

Die Evolution vollzieht sich als Art und Weise, Ordnung in dieses Chaos zu bringen. So entstanden die großen roten Sterne (Rote

Riesen). Durch deren Explosion wurde die Materie, die sich in ihnen gebildet hatte, in alle Richtungen hinausgeschleudert, wodurch die Galaxien, die schwarzen Löcher, die Sterne, unsere Sonne, die Erde und alles, was sie enthält, entstanden. Dieses Chaos ist singulär: Es weist eine *destruktive* (chaotische) und eine *konstruktive* (schöpferische) Dimension auf.

Wie Bohm, Lorenz und Prigogine gezeigt haben, bildet sich im Inneren dieses Chaos stets eine neue Ordnung heraus, die in dem Maße die Vorherrschaft übernimmt, in dem die Destruktivität des Chaos abnimmt (ohne jemals ganz zu verschwinden). Eine neue Ordnung auf einer höheren Stufe triumphiert, die komplexer ist und Optimismus und Hoffnung auf eine bessere Zukunft für Menschheit und Erde aufkommen lässt. Das Chaos macht sich in allen Seinsformen, auch in uns Menschen, bemerkbar, sobald eine gegebene Ordnung den geschaffenen Problemen nicht mehr gerecht wird. So sind wir Menschen chaotisch und kosmisch (geordnet) zugleich, sind Homo sapiens und Homo demens, Subjekte von Liebe und Empathie und von Hass und Ausgrenzung gleichermaßen. Wir sind der Zusammenfall dieser Gegensätze.

Im Augenblick befinden wir uns aufgrund der Existenz von Viren und des dramatischen Hereinbrechens extremer Ereignisse durch die neuen klimatischen Verhältnisse inmitten eines mächtigen Chaos, das den ganzen Planeten und jeden einzelnen Menschen betrifft.

Doch es lässt uns die Erde als ein Ganzes und die Tatsache entdecken, dass wir selbst Erde, nämlich deren bewusster Teil, und nicht ihre Herren und Gebieter sind. Das Virus hat das traditionelle Denken in souveränen Nationalstaaten erschüttert, da es die Staatsgrenzen nicht respektierte. Es ließ uns gewahr werden, dass das Wesen des Menschen in Zusammenarbeit und Solidarität sowie einer Ethik des achtsamen Umgangs miteinander und der Natur besteht. Es führte uns die Dringlichkeit vor Augen, die Erde als unsere gemeinsame Heimat, als das Große Haus aufzubauen, in dem wir mitsamt der Natur leben.

Die Pandemie beschwor die Notwendigkeit eines planetarischen Gesellschaftsvertrags herauf, damit wir als Spezies in Frieden leben und die Spannungen auf ein Minimum reduzieren. Es wird eine Zivilisation sein, deren Mittelpunkt der höchste Wert des Lebens bildet, wobei Wirtschaft und Politik sich in den Dienst des Fortbestands allen Lebens, insbesondere des unseren, stellen müssen.

Die Schlussfolgerung, die wir aus dieser Interpretation ziehen müssten, ist, dass eine alte Ordnung in den Zustand eines irreversiblen Chaos geraten ist, dass sich aber innerhalb dieses Chaos (nicht ohne Leid) eine neue Ordnung herausbildet, das heißt eine neue Art und Weise, die Erde im Einklang mit der Natur zu bewohnen. Das passiert nicht in einem Augenblick, denn das Chaos hat eine lange Geschichte und liegt lange in Agonie. Doch allmählich büßt es seine zerstörerische Kraft ein, um der neuen entstehenden Ordnung zu weichen, welche die Vorherrschaft im Lauf der Geschichte gewinnen wird.

Zusammengefasst: Wir gehen nicht auf unser Begräbnis zu, sondern auf *eine neue Art von Welt*. Der Traum der Sozialforen wird nicht nur im Sinne einer neuen möglichen Welt, sondern im Sinne einer neuen notwendigen Welt Wirklichkeit. In ihr werden die verschiedenen kulturellen Welten Platz haben: die chinesische, indianische, andine, afrikanische und brasilianische, mit ihren jeweiligen Werten und Traditionen. Sie werden die unterschiedlichen Weisen, Mensch zu sein, anschaulich machen.

Wo soll man beginnen? In seiner Enzyklika *Fratelli tutti* sagt Papst Franziskus: Wir müssen unten beginnen, denn von oben kommt immer nur dasselbe oder noch Schlimmeres. Wir müssen mit jedem Einzelnen, jeder lokalen Gemeinschaft, jedem Land bis in den letzten Winkel des Planeten beginnen. Alles wird auf einem bestimmten, eingegrenzten Territorium seinen Anfang nehmen (Bioregionalismus), nicht im Sinne der künstlichen Abgrenzung durch die politische Geografie der Kommunen, sondern im Sinne der Art und Weise, wie die Natur sie mit ihren Bergen, Flüssen, Wäldern, Böden, Landschaften, ihrer Artenvielfalt und vor allem ihrer Bevölkerung gestaltet hat, die seit Jahrzehnten oder gar Jahrhunderten an diesem Ort wohnte.

Alles wird in kleine und mittlere Produktionsunternehmen einbezogen sein, angefangen von der Biolandwirtschaft, und es wird eine neue Art von sozio-ökologischer Demokratie geben, die die Rechte der Natur und der Mutter Erde anerkennt, alle mit einschließt und eine Politik verfolgt, die die Armut weitestgehend beseitigt und alle in einem friedlichen Zusammenleben vereint. Die kulturellen Traditionen, die profanen und religiösen Feste, die Wertschätzung der Künstler, der Dichter, Schriftsteller, der vorbildlichen Politiker, ihrer Heiligen und Weisen werden das Territorium gestalten, in dem man tatsächlich echte Nachhaltigkeit verwirklichen kann.

Wir können uns die Erde wie einen riesig großen Teppich vorstellen, in den autonome Territorien verwoben und miteinander verbunden sind, die auf diese Weise das neue Zeitalter des Gemeinsamen Hauses, der Mutter Erde, Mutter aller Kämpfe und aller Siege, bilden, die umsorgt, geliebt und von Völkern bewohnt wird, die sich als Brüder und Schwestern empfinden, weil sie alle Kinder der Magna Mater sind, besser noch: weil sie die Erde selbst sind, die fühlt, denkt, liebt, sich sorgt und Ehrfurcht empfindet. Wir werden vereint sein in der fröhlichen Feier des Geheimnisses der Welt und des Wunders unseres eigenen Dasein, das wir mit der gesamten Gemeinschaft des Lebens teilen. Eine Utopie? Ja, aber eine notwendige Utopie, denn auf sie hin weisen der Gang der aufsteigenden Evolution und der Pfeil der Zeit. Sie ist die Sehnsucht aller Völker und verwirklicht auch den Plan des Schöpfers.

Neue Bürger: Erde und Natur als Rechtssubjekte

Mit der Ausbreitung von Covid-19 und den ökologisch-sozialen Katastrophen, die sich immer mehr zuspitzen, wie der Zunahme der Extremereignisse, sind Natur und Erde ins Radar der menschlichen Sorge geraten. Fakt ist, dass wir uns inmitten des sechsten Massensterbens befinden, das durch das Anthropozän und Nekrozän der letzten Jahrzehnte und in jüngster Zeit durch das Pyrozän beschleunigt wurde. Deshalb ist eine neue Art der Beziehung zur Natur und zur Erde, unserem Gemeinsamen Haus, zwingend notwendig, damit deren Lebensfähigkeit erhalten bleibt.

Dies wird nur geschehen, wenn wir den Naturvertrag mit der Erde neu schließen und bedenken, dass alle Lebewesen, die die genetische Grundstruktur gemeinsam haben (dieselben zwanzig Aminosäuren und dieselben vier Basen als Grundbausteine der Gene), die große Gemeinschaft des Lebens bilden, wie dies die Erd-Charta versteht. Sie behauptet in kluger Abwägung, dass sie alle einen Wert in sich unabhängig vom Gebrauch durch uns haben und deshalb Respekt verdienen und Subjekte sind, denen Würde und Rechte zukommen. In seiner Enzyklika *Laudato si'* betont Papst Franziskus immer wieder, dass „jedes Geschöpf einen Wert und eine Bedeutung besitzt" (*Laudato si'*, 76).

Ein jeder Vertrag wird auf der Grundlage der Reziprozität, des Austauschs und der Anerkennung der Rechte einer jeden Vertragspartei geschlossen. Von der Erde empfangen wir alles: das Leben und die Mittel zum Leben. Entsprechend haben wir ihr gegenüber eine Dankesschuld abzutragen, wir schulden ihr Vergeltung und Achtsamkeit. Doch wir haben diesen Naturvertrag schon lange gebrochen. Wir haben die Mutter Erde einem wahren Krieg unterworfen im Bestreben, ihr ohne Weiteres alles zu entreißen, was wir für nützlich halten, was wir gebrauchen und genießen können, als ob wir ihre Herren wären, während wir ihr doch nur als integrale Bestandteile angehören.

Wenn wir dieses Band einer dauerhaften Gegenseitigkeit nicht wiederherstellen, dann mag es sein, dass sie uns nicht länger auf ihrer Oberfläche duldet. Deshalb ist hier die Nachhaltigkeit so wesentlich. Sie stellt die Grundlage einer wirklichen Erneuerung des Naturvertrags dar.

Der ehemalige Präsident Boliviens, der Indigene aus dem Volk der Aymara, Evo Morales, hat in seinem Redebeitrag bei der Debatte der UNO am 22. April 2009, als es darum ging, ob dieser Tag schlicht

Tag der Erde oder Tag der Mutter Erde heißen soll, einige Rechte der Pachamama aufgezählt: das Recht zu existieren; das Recht, respektiert zu werden; das Recht zur Regeneration ihrer Lebensfähigkeit und Erhaltung ihrer vitalen Zyklen und Prozesse, frei von Veränderungen durch den Menschen; das Recht der Behauptung der Identität und Unversehrtheit von Lebewesen als differenzierte, sich selbst regulierende und untereinander in Beziehung stehende Seinsformen; das Recht auf Wasser als Quelle des Lebens; das Recht auf saubere Luft; das Recht auf ganzheitliche Gesundheit; das Recht, frei von Kontamination, Verschmutzung und giftigen oder radioaktiven Abfällen zu sein; das Recht auf eine vollständige und unmittelbare Wiederherstellung nach der Verletzung der in dieser Deklaration anerkannten Rechte aufgrund menschlichen Handelns."

Sein Vorschlag wurde von der Versammlung der Völker einstimmig angenommen. Vom 19. bis 23. April fand auf Einladung von Evo Morales in Cochabamba der Gipfel der Völker zu den Klimaveränderungen und den Rechten der Mutter Erde statt, wie er sie selbst bei der UNO formuliert hatte. Ich selbst war dabei und hatte bei dieser Versammlung die Aufgabe, diese Rechte theoretisch zu begründen.

Diese Sichtweise macht es möglich, den Naturvertrag mit der Erde zu erneuern, der in Verbindung mit dem Gesellschaftsvertrag zwischen den Bürgerinnen und Bürgern schließlich die planetarische Nachhaltigkeit stärken und die Rechte der Natur und der Erde garantieren wird.

Heute wissen wir aufgrund der neuen Kosmologie, dass alle Seinsformen nicht nur über Masse und Energie verfügen. Sie sind auch Träger von Information, die aus den ständigen wechselseitigen Beziehungen untereinander hervorgeht, die zunehmen, bis es schließlich zum Durchbruch zum Selbstbewusstsein kommt. Diese Tatsache setzt ein bestimmtes Maß an Subjektivität und Geschichte voraus. Dies ist die wissenschaftliche Grundlage, welche die Anwendung des Begriffs der juridischen Person im weiteren Sinne auf die lebendige Erde rechtfertigt.

Die Auffassung, dass die Erde ein lebendiger Großorganismus ist, der sich als System verhält und die bio-geo-chemischen Faktoren so miteinander verbindet, dass er stets am Leben bleibt und Leben hervorbringt, wird seit den Siebzigerjahren des vorigen Jahrhunderts als Hypothese und seit 2002 als wissenschaftliche Theorie angenommen.

Wenn man die Erde als Großorganismus begreift, dann kommen ihr die Würde und der Respekt zu, die alles Leben verdient. Das Bewusstsein tritt immer klarer zutage, dass alles, was existiert, zu existieren verdient, und dass alles, was lebt, zu leben verdient. Und an uns liegt es, dessen Existenz anzunehmen, sie zu verteidigen und die Bedingungen zu gewährleisten, dass sie sich weiterentwickeln kann.

Überdies zweifelt niemand daran, dass der Mensch Subjekt von unveräußerlichen Rechten ist und sich der Subjektivität und einer Geschichte erfreut. Dieser Mensch ist nun aber, wie viele Kosmologen und Anthropologen behaupten, die Erde selbst, die in einem fortgeschrittenen Stadium ihrer Komplexität zu fühlen, zu denken, zu lieben und Fürsorge zu tragen begann. Aufgrund der Tatsache, dass wir Erde sind, müssen diese menschlichen Rechte auch der Erde zugesprochen werden. Die modernen Menschen haben sie Gaia genannt, die Alten nannten sie Große Mutter und die Andenvölker Pachamama.

Diese Subjektivität verfügt über eine Geschichte, das heißt sie ist Teil des ungeheuren kosmogenetischen Prozesses, der bewirkt, dass die lebendige Erde durch den Menschen sich selbst sieht, das Universum betrachtet und das höchste Stadium des Kosmos, soweit es bisher bekannt ist, darstellt.

Michel Serres, ein französischer Philosoph und Wissenschaftstheoretiker, behauptete mit Recht: „Der Allgemeinen Erklärung der Menschenrechte kommt das Verdienst zu, dass ‚alle Menschen Rechte haben‘, sie ist aber mit dem Mangel behaftet anzunehmen, dass ‚nur die Menschen Rechte haben‘."

Die volle Anerkennung der Rechte der Frauen, der Indigenen, der Schwarzen erforderte viel Kampf, so wie es auch jetzt viel Anstrengung kostet, die Anerkennung der Rechte der Natur und der Mutter Erde zu erreichen, die von der Gesamtheit der Ökosysteme gebildet wird.

Wegen ihrer gegenseitigen Verschränktheit haben Erde und Menschheit dasselbe Schicksal. Es liegt an uns, dem bewussten Teil der Erde und deren Hüter, dafür zu sorgen, dass dieses gemeinsame Schicksal unter der Voraussetzung gestaltet wird, dass wir die Würde und die Rechte der Mutter Erde respektieren.

Paradigmenwechsel: vom Herrn zum Bruder und zur Schwester

Die Enzyklika *Fratelli tutti* von Papst Franziskus, die er am 3. Oktober 2020 über dem Grab des heiligen Franziskus von Assisi unterzeichnete, ist ein Meilenstein der Soziallehre der Kirche. Sie ist thematisch umfassend und detailliert zugleich und stets darauf bedacht, Werte aufzuzeigen, sogar solche des Liberalismus, den er stark kritisiert. Sie wird gewiss von Christen und Nichtchristen gleichermaßen im Detail analysiert, denn sie wendet sich an alle Menschen guten Willens. Ich will hier das hervorheben, was ich im Vergleich zum früheren päpstlichen Lehramt als neu empfinde.

Zunächst muss klargestellt werden, dass der Papst ein alternatives Paradigma hinsichtlich unserer Art und Weise, das vielen Bedrohungen ausgesetzte Gemeinsame Haus zu bewohnen, bietet. Er beschreibt die „dunklen Schatten", die, wie er selbst in verschiedenen Verlautbarungen sagte, einem „Dritten Weltkrieg scheibchenweise" gleichkommen. Zurzeit gibt es kein gemeinsames Projekt für die Menschheit (Nr. 18). Doch ein roter Faden durchzieht die ganze Enzyklika: das Wissen um die Tatsache, „dass keiner sich allein retten kann" (Nr. 32), dass wir uns entweder alle zusammen retten oder niemand gerettet wird. Dies ist das neue Projekt, das er in folgenden Worten zum Ausdruck bringt:

> Ich lege diese Sozialenzyklika als demütigen Beitrag zum Nachdenken vor. Angesichts gewisser gegenwärtiger Praktiken, andere zu beseitigen oder zu übergehen, sind wir in der Lage, darauf mit einem neuen Traum der Geschwisterlichkeit und der sozialen Freundschaft zu antworten. (*Fratelli tutti*, 6)

Wir müssen diese Alternative wohl verstehen. Wir befinden uns immer noch innerhalb des Paradigmas, das die Grundlage der Moderne bildet. Es ist anthropozentrisch. Es ist das Reich des *dominus*, des Menschen als des Herrn und Gebieters der Natur und der Erde, die nur in dem Maße von Bedeutung sind, in dem sie auf ihn hingeordnet sind. Er veränderte das Antlitz der Erde, er zog viele Vorteile daraus, aber er schuf auch das Prinzip der Selbstzerstörung. Dies ist die aktuelle Sackgasse der „dunklen Schatten". Angesichts dieser Weltanschauung schlägt die Enzyklika *Fratelli tutti* ein neues Paradigma vor: das des *fraters* oder des Bruders bzw. der Schwester, der universalen Geschwisterlichkeit und der sozialen Freundschaft. Sie verschiebt das Zentrum von einer technisch-industrialistischen und individualistischen Zivilisation hin zu einer solidarischen Zivilisation der Erhaltung und Sorge um das Leben insgesamt. Dies ist die grundlegende Absicht des Papstes. In dieser Kehrtwende liegt unsere Rettung. Wir werden auf diese Weise die apokalyptische Vision des drohenden Endes der Spezies zugunsten einer Vision der Hoffnung überwinden, dass wir eine andere Richtung einschlagen können und müssen.

Deshalb müssen wir die Hoffnung nähren. Der Papst sagt: „Ich lade zur Hoffnung ein" (*Fratelli tutti*, 55), einer Hoffnung, die im tiefsten Inneren des Menschen verankert und unabhängig von den konkreten Umständen und historischen Bedingtheiten, in denen er lebt, ist. Dies ist der Widerhall des *Prinzips Hoffnung*, der Hoffnung, die mehr als eine Tugend ist, die vielmehr ein Prinzip, ein innerer Antrieb ist, um neue Träume und Visionen zu entwerfen, wie dies Ernst Bloch so schön formuliert hat. Der Papst betont:

> Wenn die Überzeugung, dass wir als Menschen Brüder und Schwestern sind, keine abstrakte Idee bleiben, sondern konkret Wirklichkeit werden soll, dann stehen wir vor einer Reihe von Herausforderungen, die uns aufrütteln und uns zwingen, neue Perspektiven einzunehmen und neue Antworten zu entwickeln. (*Fratelli tutti*, 128)

Wie man sieht, handelt es sich um eine neue Richtung, um einen Paradigmenwechsel.

Wo soll man beginnen? Hier offenbart der Papst seine Grundhaltung, die von den sozialen Bewegungen immer wieder zum Ausdruck gebracht wird: „Erwartet nichts von oben, denn von dort kommt immer nur mehr vom Gleichen oder noch Schlimmeres.“ Deshalb schlägt er vor:

> Wir können von unten bei einer Sache beginnen und für das kämpfen, was ganz konkret und naheliegend ist, und bis zum letzten Winkel des eigenen Landes und der ganzen Welt weitergehen ... (*Fratelli tutti*, 78)

Der Papst schlägt das vor, was heute die Pointe der ökologischen Diskussion ist: in der Region arbeiten. Der Bioregionalismus ermöglicht die wahre Nachhaltigkeit und Humanisierung der Gemeinschaften und verbindet das Lokale mit dem Universalen (*Fratelli tutti*, 147).

Es gibt ausführliche Reflexionen über Wirtschaft und Politik, doch der Papst betont: „Die Politik darf sich nicht der Wirtschaft unterwerfen, und diese darf sich nicht dem Diktat und dem effizienzorientierten Paradigma der Technokratie unterwerfen.“ (*Fratelli tutti*, 177) Er formuliert eine prägnante Kritik des Marktes:

> Der Markt allein löst nicht alle Probleme, auch wenn man uns zuweilen dieses Dogma des neoliberalen Credos glaubhaft machen will. Es handelt sich um eine schlichte, gebetsmühlenartig wiederholte Idee, die vor jeder aufkeimenden Herausforderung immer die gleichen Rezepte herauszieht. Der Neoliberalismus regeneriert sich immer wieder neu auf identische Weise, indem er – ohne sie beim Namen zu nennen – auf die magische Vorstellung des *Spillover* oder die *Trickle-down-Theorie* als einzige Wege zur Lösung der gesellschaftlichen Probleme zurückgreift. (*Fratelli tutti*, 168)

Die Globalisierung hat uns einander näher gebracht, aber uns nicht geschwisterlicher werden lassen (*Fratelli tutti*, 12). Sie bringt lediglich Mittäter hervor, keineswegs aber Brüder und Schwestern (*Fratelli tutti*, 101).

Anhand des Gleichnisses vom Barmherzigen Samariter nimmt er eine scharfe Analyse der einzelnen auftretenden Personen vor und wendet dies auf die politische Ökonomie an. Dies gipfelt schließlich in der Frage:

> Mit wem identifizierst du dich [mit dem Verwundeten, der auf der Straße liegt, mit dem Priester, dem Leviten oder mit dem Fremden, dem von den Juden verachteten Samariter]? Diese Frage ist hart, direkt und entscheidend. Welchem von ihnen ähnelst du? (*Fratelli tutti*, 64)

Der Barmherzige Samariter wird zum Modell der sozialen und politischen Liebe (*Fratelli tutti*, 66).

Das neue Paradigma der Geschwisterlichkeit und der sozialen Liebe entfaltet sich in der Liebe in ihrer konkreten öffentlichen Gestalt, in der Sorge um die Verwundbarsten, in der Kultur der Begegnung und des Dialogs, in der Politik als Zärtlichkeit und Liebenswürdigkeit.

Was die Kultur der Begegnung betrifft, nimmt sich der Papst die Freiheit, den brasilianischen Poeten Vinicius de Moraes und dessen *Samba da Bênção* aus dem Album *Um encontro no Au bon Gourmet* aus dem Jahr 1962 zu zitieren. Dort heißt es: „Das Leben ist die Kunst der Begegnung, auch wenn es so viele Auseinandersetzungen im Leben gibt." (*Fratelli tutti*, 215) Die Politik lässt sich nicht auf den Streit um die Macht und die Gewaltenteilung reduzieren.

In überraschender Weise formuliert der Papst:

> Auch in der Politik gibt es Raum, um mit Zärtlichkeit zu lieben [...]. Inmitten der politischen Tätigkeit „müssen die Bedürftigen, die Schwachen und die Armen unser Herz berühren: Sie haben das ‚Recht', uns die Seele und das Herz zu nehmen. Ja, sie sind unsere Brüder, und als solche müssen wir sie lieben und behandeln." (*Fratelli tutti*, 194)

Und er stellt sich die Frage, was die Zärtlichkeit ist, und antwortet darauf:

> Sie ist die Liebe, die nah und konkret wird. Sie ist eine Bewegung, die vom Herzen ausgeht und zu den Augen, den Ohren und den Händen gelangt ... (*Fratelli tutti*, 194)

Dies erinnert uns an den Satz von Mahatma Gandhi, der neben dem heiligen Franziskus, Martin Luther King und Desmond Tutu eine der den Papst inspirierenden Gestalten ist: Die Politik ist eine Geste der Liebe dem Volk gegenüber, die Sorge um die gemeinsamen Angelegenheiten.

Hand in Hand mit der Zärtlichkeit geht die Liebenswürdigkeit, die ich lieber Freundlichkeit nenne, und zwar in Erinnerung an den „Propheten Gentileza“ der in den Straßen Rio de Janeiros ganz nach der Art des heiligen Franziskus allen Passanten predigte „Freundlichkeit bringt Freundlichkeit hervor“, und „Gott ist Freundlichkeit“ (vgl. Boff 2016, 99–102). Der Papst definiert sie als einen „Seelenzustand“,

> der nicht rau, grob oder hart ist, sondern gütig und sanft, der stützt und tröstlich ist. Die Person, die diese Eigenschaft besitzt, hilft anderen, ihr Dasein besser zu ertragen ... (*Fratelli tutti*, 223)

Darin liegt eine Herausforderung für die Politiker und auch für die Bischöfe: die Revolution der Zärtlichkeit durchzuführen.

Die Solidarität ist eine der Grundlagen für den Menschen und die Gesellschaft. Sie

> drückt sich konkret im Dienst aus, der in der Art und Weise, wie wir uns um andere kümmern, sehr unterschiedliche Formen annehmen kann. Dienst bedeutet „zum großen Teil, Schwäche und Gebrechlichkeit zu beschützen ...“ (*Fratelli tutti*, 115)

Das Fehlen dieser Solidarität wurde offenbar, und erst danach war sie im Kampf gegen Covid-19 ein wirksamer Faktor. Sie verhindert die Zweiteilung der Menschheit zwischen „meiner Welt“ und der der anderen,

> bis zu dem Punkt, dass viele nicht mehr als Menschen mit einer unveräußerlichen Würde angesehen werden, sondern einfach zu „denen da“ werden (*Fratelli tutti*, 27).

Und der Papst schließt mit einem großen Wunsch:

> Gott gebe es, dass es am Ende nicht mehr „die Anderen“, sondern nur ein „Wir“ gibt. (*Fratelli tutti*, 35)

Der Papst ruft alle Religionen dazu auf, die Herausforderung anzunehmen, dem Traum von einer universalen Geschwisterlichkeit und einer sozialen Liebe eine konkrete Gestalt zu verleihen, denn sie leisten

> einen wertvollen Beitrag zum Aufbau von Geschwisterlichkeit und zur Verteidigung der Gerechtigkeit in der Gesellschaft (*Fratelli tutti*, 271).

Zu Schluss ruft er die Gestalt des Kleinen Bruders Charles de Foucauld in Erinnerung, der in der nordafrikanischen Wüste inmitten der muslimischen Bevölkerung „letztendlich der Bruder aller sein wollte“ (*Fratelli tutti*, 287). Der Papst macht sich diesen Wunsch zu eigen und bemerkt:

> Aber nur durch die Identifikation mit den Geringsten wurde er zum Bruder aller Menschen. Möge Gott jeden von uns zu dieser Vision inspirieren. Amen. (*Fratelli tutti*, 287)

Mit Papst Franziskus steht uns ein Mensch vor Augen, der in der Nachfolge seiner inspirierenden Quelle, nämlich des Franziskus von Assisi, ebenfalls ein universaler Mensch geworden ist, der alle annimmt, und sich mit den Verwundbarsten und Unsichtbarsten unserer grausamen Welt ohne Menschlichkeit identifiziert. Er weckt die Hoffnung, dass wir den Traum der Geschwisterlichkeit ohne Grenzen und der universalen Liebe nähren können und müssen.

Er hat das Seine getan. Es liegt nun an uns, nicht zuzulassen, dass der Traum nur ein Traum bleibt, sondern dafür zu sorgen, dass er der keimhafte Anfang einer neuen Art und Weise wird, zusammen, als Brüder und Schwestern, und mit der Natur im selben Gemeinsamen Haus zu wohnen. Werden wir noch die Zeit und genügend Weisheit haben, um diesen Sprung zu vollziehen? Sicherlich werden die „dunklen Schatten“ fortdauern. Doch wir haben mit dieser Enzyklika der Hoffnung von Papst Franziskus einen Leuchtstern. Er vertreibt nicht alle Dunkelheit. Aber er reicht aus, damit wir den Weg erkennen, den alle gehen müssen.

Erde und Menschheit: in Gesundheit und Krankheit vereint

Die Verbreitung des Coronavirus und anderer Viren in früheren Jahren machte den engen Zusammenhang zwischen Erde und Menschheit deutlich. Der neuen Kosmologie zufolge (evolutionäre Auffassung vom Universum) bilden wir Menschen mit der Erde zusammen eine einzige Einheit, die Teil des Sonnensystems, der Milchstraße und des Universums insgesamt ist. Wir partizipieren an ihrer Gesundheit und auch an ihrer Krankheit.

Isaac Asimow, ein russischer Wissenschaftler, der aufgrund seiner populärwissenschaftlichen Bücher berühmt ist, hat auf Bitten der *New York Times* am 29. Oktober 1982, dem 25. Jahrestag des Abschusses des Satelliten Sputnik, mit dem das Zeitalter der Raumfahrt begann, einen Artikel über das Erbe dieses Vierteljahrhunderts der Eroberung des Weltraums geschrieben.

Das *erste Erbe*, so schreibt er darin, besteht in der Erkenntnis, dass Erde und Menschheit aus der Perspektive der Raumschiffe eine einzige Einheit, das heißt eine einzige, komplexe, in sich vielgestaltige und widersprüchliche und mit einer großen Dynamik ausgestattete Realität bilden.

Das *zweite Erbe* ist die plötzliche Entstehung eines planetarischen Bewusstseins. Das große Projekt und die große Herausforderung für die Menschen ist es, die Erde, und nicht nur einzelne Nationen, aufzubauen. Da Erde und Menschheit eine komplexe Einheit bilden, teilen sie auch dasselbe Schicksal. Was der einen widerfährt, widerfährt auch der anderen. Wenn die Erde krank wird, erkrankt auch der Mensch, und umgekehrt. Wir sind auf Gedeih und Verderb miteinander verbunden.

Seit 2019 wurden die gesamte Erde und alle Menschen auf ihr vom Covid-19-Virus attackiert. Insbesondere war Brasilien betroffen, das damals Opfer eines unverantwortlichen Staatschefs, Jair Bolsonaro, war. Er ließ kein offizielles Konzept zum Schutz seines Volkes ausarbeiten. Ja, er versuchte sogar, in Manaus in Amazonien eine Immunisierung durch Massenkontamination von Menschen (Herdenimmunität) zu erreichen und verursachte dadurch den Erstickungstod vieler Menschen. Alle fühlten wir uns in der einen oder anderen Form physisch, psychisch und spirituell krank.

Warum ist es so weit mit uns gekommen? Es ist irreführend, das Virus für sich unabhängig vom Kontext zu betrachten. Der Kontext ist die Art und Weise, wie wir bereits seit drei Jahrhunderten unsere Gesellschaft organisieren, in der die Mächtigen die Vorherrschaft haben und die großen Mehrheiten ausgegrenzt werden. Die Organisationsweise unserer Gesellschaft besteht wesentlich in der grenzenlosen Ausplünderung der Güter und Kapazitäten der Natur zum Vorteil und zur Bereicherung der Menschen. Der Teil der Menschheit, der davon profitierte, und nicht die Armen, haben in diesem Bestreben einen Großteil der Biome der Erde zerstört und die Erderwärmung verursacht.

Wir befinden uns nun einigen Wissenschaftlern zufolge in einem neuen Erdzeitalter, dem *Anthropozän*, womit zum Ausdruck gebracht werden soll, dass nun der Mensch die große Bedrohung für das Leben darstellt. Die Auslöschung der Spezies aufgrund der kapitalistischen Raserei, die natürlichen Güter grenzenlos und skrupellos auszubeuten, rechtfertigt die Redeweise vom *Nekrozän*: dem Massensterben von Menschen und anderen Lebewesen der Natur. In jüngster Zeit begann man auch vom *Pyrozän* (Zeitalter des Feuers) zu sprechen, da es in vielen Ländern aufgrund der globalen Erwärmung, die die Böden austrocknete und das Gestein heißer werden ließ und aufgrund der Abholzung der Wälder zu großflächigen Bränden kam.

Der Mensch hat einen großen Teil des Planeten in Besitz genommen, Wälder abgeholzt, die Luft, das Wasser und die Böden verschmutzt. Wir führen, um mit dem Philosophen Michel Serres zu sprechen, einen totalen Krieg gegen Gaia und attackieren sie an allen Fronten ohne jegliche Chance, sie besiegen zu können. Die Folge davon war die Zerstörung der Lebensräume von Tausenden von Arten, die Wirtstiere von Viren sind. Um sich weiter zu reproduzieren, gingen sie auf andere Lebewesen bis hin zu uns über.

Covid-19 ist ein Gegenangriff der Erde gegen die systematische Aggression ihr gegenüber. Die Erde erkrankte und gab mit einer ganzen Bandbreite von Viren wie Zika, Chicungunya, Ebola, die Vogelgrippe (SARS) und andere ihre Krankheit an uns weiter. Da wir mit der Erde eine komplexe Einheit bilden, sind wir mit ihr zusammen krank geworden. Das Corona-Virus steht für diese dunkle und tödliche Symbiose.

Allgemein können wir davon ausgehen, dass sich die Reaktion der Erde auf unsere Gewalt im Fieber, der Erderwärmung, äußert, die keine Krankheit ist, sondern ein Symptom des hohen Niveaus der Treibhausgasemissionen, die die Erde nicht verarbeiten kann und die deshalb ihre Fähigkeit verliert, uns weiterhin ihre natürlichen Güter und Kapazitäten anzubieten. Der Erdüberlastungstag im Jahr 2022 stellte sich bereits Ende Juli ein. Das heißt: Die Reserven an natürlichen Gütern und Kapazitäten, die für das System Leben notwendig sind, sind an diesem Tag schon zur Neige gegangen. Wir stoßen an die Grenzen der Erde.

Um das Nötige zur Verfügung zu haben und – schlimmer noch – den üppigen Konsum und die Verschwendung der reichen Länder aufrechtzuerhalten, müssen wir der Erde gewaltsam ihre „Ressourcen" entreißen, damit die Nachfrage der Konsumenten befriedigt werden kann. Wie lange wird die Erde das ertragen?

Wir wissen, dass es neun planetarische Grenzen gibt, die nicht überschritten werden können, ohne das Leben und unser zivilisatorisches Projekt zu bedrohen (Klima, Wasser, Boden, Artenvielfalt, Ozonschicht, usw.). Vier von ihnen wurden bereits überschritten. Die Folge davon ist, dass wir weniger Wasser, weniger Nährstoffe, weniger Ernten, eine zunehmende Wüstenbildung, einen stärkeren Schwund der Artenvielfalt und die Störung der übrigen Faktoren haben, die unverzichtbar für das Leben sind.

Unsere Art von Beziehung zur Erde ist also lebensfeindlich und die Hauptursache der Erkrankung der Erde, die uns ihrerseits auch krank macht. Deshalb fühlen wir uns alle insbesondere aufgrund von sozialer Isolierung und Präventivmaßnahmen schwach, unserer Lebenskraft beraubt, gereizt, mit einem Wort in einem Albtraum gefangen, von dem wir nicht wissen, wann er zu Ende geht. Damit ist nicht nur das Wirken des Virus gemeint, gegen den wir praktisch immun geworden sind, sondern die im Körper hinterlassenen Folgen, von denen einige tödlich sind.

Der tausendfache Tod geliebter Menschen, ohne dass man die Sterbenden begleiten und sich gebührend verabschieden konnte, was unerlässlich ist für die Trauer, hat uns deprimiert und den Sinn des Lebens und die Zukunft unseres Zusammenlebens auf diesem Planeten infrage gestellt.

Auf der anderen Seite haben wir um einen hohen Preis gelernt: Was uns rettet, sind nicht die Mantras des Kapitalismus und des Neoliberalismus, von denen weiter oben bereits die Rede war. Was uns rettet, ist der zentrale Wert des Lebens, ist die Solidarität, ist die wechselseitige Abhängigkeit aller von allen, ist die Sorge um die Natur, ist ein gut ausgerüsteter Staat, der den sozialen Belangen, insbesondere denen der Bedürftigsten, gerecht werden kann, ist die Tatsache, dass die Gesellschaft dem Markt übergeordnet ist. Die größten Fanatiker des Neoliberalismus sagen: „Die Gesellschaft muss verlieren und der Markt gewinnen. Gier ist geil."

Werden wir uns darüber klar, dass wir uns dann gesünder fühlen und damit auch die Erde gesund machen und ihr neues Leben verleihen, wenn wir uns besser um alles kümmern, die Lebenskraft der Ökosysteme wiederherstellen, unsere möglichst biologische Ernährung verbessern, die Luftverschmutzung verringern, die Gewässer und die Wälder schützen.

Was uns Covid-19 auf brutale Art vor Augen führte, ist, dass das Gleichgewicht von Erde und Menschheit gestört wurde. Wir sind allzu gierig geworden und entreißen der Erde, was sie uns nicht mehr geben kann. Wir respektieren die Grenzen eines kleinen Planeten nicht, dessen Güter und Kapazitäten endlich sind. Stattdessen brachte unsere Kultur ein irrationales Projekt unbegrenzten Wachstums hervor – eine Illusion, die sich im Denken fast aller Unternehmer und Staatschefs hartnäckig hält. Dieses Vorhaben läuft den Gesetzen der Natur zuwider: Jedes Lebewesen weist das ihm entsprechende Wachstum auf. Wenn wir alle, die Tiere und die Pflanzen unbegrenzt nach oben und in alle Richtungen wachsen würden, käme das einer unvorstellbaren Entstellung gleich.

Covid-19 lässt uns unsere wahre Menschlichkeit wiedererlangen. Was diese Menschlichkeit ausmacht, ist das rechte Maß der Liebe, der Solidarität, der Empathie, der Zusammenarbeit und einer menschlich-spirituellen Dimension, die den materiellen Gütern ihren entsprechenden Wert beimisst, ohne sie zu verabsolutieren, sondern den nicht greifbaren Gütern, wie ich sie weiter oben erwähnt habe, den Vorzug einräumt. Die materiellen Dinge lassen wir in dieser Welt zurück, die menschlich-spirituellen begleiten uns über den Tod hinaus, denn sie machen unsere endgültige Identität aus.

Je freundschaftlicher unser Verhältnis zur Natur ist, je kooperativer unser Verhältnis untereinander ist, umso mehr wird unsere Erde ihre Lebenskraft zurückerlangen. Die wieder gesundete Erde wird auch uns wieder gesund machen. Heilen wir uns miteinander und feiern wir gesund das Wunder des Lebens.

Sind nun wir an der Reihe? Das Ende der Spezies Mensch

Die Ausbreitung des Covid-19-Virus, das zum ersten Mal die gesamte Menschheit betraf und eine wahre Dezimierung unter den Infizierten bewirkte, hat Millionen Opfer in der ganzen Welt gefordert, auch nachdem bereits verschiedene sichere und wirksame Impfstoffe entwickelt und angewandt worden waren. Dieses einzigartige Ereignis warf unvermeidlich die Frage auf: Kann die Spezies Mensch verschwinden?

Können die Häufung der Extremereignisse, die Entstehung des „Virozäns“, die Herstellung von Instrumenten unserer Selbstzerstörung, wie sie die verschiedenen Waffenarten darstellen, tatsächlich die gesamte Menschheit auf der Erde auslöschen? Wer wird den Pfeil aufhalten, der, sobald er einmal abgeschossen ist, nicht mehr zurückkehrt und die endgültige Auslöschung der Spezies Mensch bewirken kann, nachdem diese einige Millionen Jahre auf diesem Planeten gelebt hat? Wir wissen, dass es niemals eine vollständige und absolute Gewissheit gibt.

In seiner Rede vor der UNO am 25. September 2020 kam Papst Franziskus zweimal auf diese Möglichkeit des Verschwindens menschlichen Lebens als Folge der Verantwortungslosigkeit in unserem Umgang mit der über die Maßen ausgebeuteten Erde und Natur zu sprechen. In seiner Enzyklika *Ladato si'. Über die Sorge für das gemeinsame Haus* (2015) stellt er fest:

> Diese Situationen rufen das Stöhnen der Schwester Erde hervor, die sich dem Stöhnen der Verlassenen der Welt anschließt, mit einer Klage, die von uns einen Kurswechsel verlangt. Niemals haben wir unser gemeinsames Haus so schlecht behandelt und verletzt wie in den letzten beiden Jahrhunderten. (*Laudato si'*, 53)

In seiner Enzyklika *Fratelli tutti* betont er, dass wir alle in einem Boot sitzen, dass sich niemand allein retten kann, wenn wir uns nicht alle zusammen retten (*Fratelli tutti*, 32).

Dies bedeutet nicht das Ende des Systems Leben, sondern lediglich das des menschlichen Lebens. Interessanterweise betraf Covid-19 nur die Menschen aller Kontinente, nicht aber unsere Haustiere wie Hunde und Katzen.

Wie kann man diese mögliche Katastrophe im Licht einer radikalen, das heißt philosophischen und theologischen Reflexion deuten?

Wir wissen, dass jedes Jahr etwa 300 lebendige Arten den Höhepunkt ihrer Entwicklung erreichen und nach etlichen Millionen Jahren ihres Daseins zur Ursprungsquelle allen Seins (Quantenvakuum), jenem unergründlichen Ozean von Energie, der dem Urknall vorauslag und weiterhin dem gesamten Universum zugrunde liegt, zurückkehren. Während der mehr als drei Milliarden Jahre währenden Geschichte des Lebens kam es vielfach zu Massensterben. Zurzeit sind etwa eine Million lebendiger Arten aufgrund der allzu großen Aggressivität des industrialistischen Projekts der im Überfluss lebenden Klassen vom Aussterben bedroht.

Was den Menschen betrifft, so wissen wir, dass von seinen unterschiedlichen Spielarten nur der Homo sapiens sapiens seit etwa 100.000 Jahren Fuß fassen und sich bis heute auf der Erde behaupten konnte. Die übrigen Vertreter, insbesondere der Neandertaler, verschwanden endgültig aus der Geschichte.

Dasselbe gilt für die alten Kulturen der Vergangenheit. In Brasilien zum Beispiel wurden die Sambaquieiros mitsamt ihrer Kultur (Sambaqui), die 8000 Jahre an den brasilianischen Meeresküsten gelebt hatten, buchstäblich ausgerottet von Kannibalen, die mit den heute noch lebenden ursprünglichen Völkern nichts zu tun haben. Es ist von ihnen nichts anderes übrig als die großen Hügel aus Muscheln, Schildkrötenpanzern und Resten von Krustentieren. Viele Kulturen verschwanden endgültig und hinterließen nur wenige Spuren ihrer Existenz, wie etwa die Kultur der Osterinsel oder die matriarchalischen Kulturen, die in verschiedenen Teilen der Welt vor etwa 20.000 Jahren vor allem im Mittelmeerraum vorherrschend waren. Sie hinterließen Figuren von Muttergottheiten, die bis heute bei Ausgrabungen gefunden werden.

Kann nicht eines Tages eine der so vielen Arten, die jährlich aussterben, die Spezies Homo sapiens (demens) sein? In diesem Fall deutet alles darauf hin, dass ihr Verschwinden nicht auf einen natürlichen Entwicklungsprozess zurückgeht, sondern dass die Ursachen im unverantwortlichen Handeln des Menschen zu suchen sind, das sich der Fürsorge und Weisheit gegenüber der Gesamtheit des Systems Leben und des Systems Gaia entledigt hat. Wäre dies die Folge des neuen Erdzeitalters Anthropozän, Nekrozän und Pyorzän, wie man es seit Kurzem nennt?

Fakt ist, dass Covid-19 den Kapitalismus und den Neoliberalismus mit all ihren anmaßenden Mantras in die Knie gezwungen hat. Werden sie zu Selbstmördern?

Diese Frage ist kein schlechtes Omen, sondern ein an all jene gerichteter Appell, denen es um schöpferische Solidarität und Liebe zum Gemeinsamen Haus geht. Es gibt ein schwerwiegendes kulturelles Hindernis: Wir sind an unmittelbare Ergebnisse gewohnt, während es hier um zukünftige Resultate als Früchte jetzt vollbrachter Taten geht. Die *Erd-Charta*, eines der bedeutendsten ökologischen Dokumente, das von der UNESCO im Jahr 2003 verabschiedet wurde, sagt: „Die Grundlagen globaler Sicherheit sind bedroht. Dies sind gefährliche Entwicklungen, aber sie sind nicht unabwendbar." (Erd-Charta [4]2003, 8).

In *Laudato si'* sagt Papst Franziskus mit Nachdruck:

> Die verhängnisvollen Prognosen dürfen nicht mehr mit Geringschätzung und Ironie betrachtet werden. [...] Der Rhythmus des Konsums, der Verschwendung und der Veränderung der Umwelt hat die Kapazität des Planeten derart überschritten, dass der gegenwärtige Lebensstil, da er unhaltbar ist, nur in Katastrophen enden kann ... (*Laudato si'*, 161)

Diese Gefahren können nur vermieden werden, wenn wir unsere Produktions- und Lebensweise verändern. Diese zivilisatorische Kehrtwende erfordert den politischen Willen aller Länder der Welt und eine ausnahmslose Zusammenarbeit des gesamten Netzwerks transnationaler und nationaler Produktionsunternehmen jeder Größenordnung. Wenn sich einige weltweit agierende Unternehmen weigern, in diesem Sinne zu handeln, können sie die Anstrengungen der übrigen zunichte machen. Deshalb muss der politische Wille kollektiv sein und verpflichtend durchgesetzt werden, wobei es klar definierte Prioritäten und klare allgemeine Richtlinien geben muss, die von allen, ob groß oder klein, übernommen werden. Es ist dies eine Politik der globalen Rettung.

Das große Risiko stellt die Logik des global vernetzten kapitalistischen Systems dar. Sein Ziel ist es, so viel Profit wie möglich in möglichst kurzer Zeit zu machen, wobei es seine Macht immer mehr ausdehnt und Gesetzgebungen aufweicht, die seiner Dynamik Grenzen setzen. Es orientiert sich am Wettbewerb, am Gewinnstreben und nicht an der Verteidigung und Förderung des Lebens.

Angesichts der aktuellen paradigmatischen Veränderungen sieht es sich mit folgendem Dilemma konfrontiert: Entweder es verleugnet sich selbst, erweist sich als solidarisch mit der Zukunft der Menschheit, ändert seine Logik und verdammt sich auf diese Weise selbst zum Untergang, oder es behauptet sich selbst in seiner Zielsetzung, sieht völlig von jeglichem Mitleid und jeglicher Solidarität ab und lässt die Profite steigen, auch wenn es damit über Leichenberge und über eine verwüstete Erde geht. Es ist nicht ausgeschlossen, dass der Kapitalismus seinem Wesen eines gierigen Wolfes folgt und damit im Selbstmord endet. Anstatt sich Gewinne entgehen zu lassen, zieht er es dann vor, zu sterben und zu töten.

Aber wer weiß: Wenn das Wasser bis zum Hals steht und das Risiko des kollektiven Tods alle betrifft, auch die Kapitalisten, dann ist es nicht ausgeschlossen, dass der Kapitalismus vor dem Leben kapituliert. Der vorherrschende Instinkt ist der Lebenswille, nicht der Todestrieb. Dieser Instinkt wird möglicherweise am Ende die Oberhand behalten. Doch wir müssen genau auf die Kraft der inneren Systemlogik des Kapitalismus achten, dessen tragender Mechanismus darin besteht, den Tod von Mensch und Natur hervorzubringen.

Namhafte Wissenschaftler schließen die Möglichkeit des Endes unserer Spezies nicht aus. Der Physiker Stephen Hawking schreibt in seinem Buch *Das Universum in der Nussschale*, dass die Weltbevölkerung „im Jahr 2600 Schulter an Schulter stehen und der Stromverbrauch die Erde zum Glühen bringen wird“ (Hawking ^{3}2005, 166). Sie könnte sich selbst vernichten.

Der Nobelpreisträger Christian de Duve meint in seinem berühmten Buch *Aus Staub geboren*:

> Die biologische Evolution befindet sich auf dem abschüssigen Weg zu schwerwiegender Instabilität. In mancher Hinsicht ähnelt unsere Zeit jenen großen Brüchen der Evolution, die sich durch umfangreiches Aussterben ankündigten. (de Duve 1997, 411)

Früher waren es die rasenden Meteore, die die Erde bedrohten. Heute ist dieser Meteor unter dem Namen „Mensch“ bekannt.

Im selben Sinne habe ich weiter oben bereits den französischen Naturforscher Théodore Monod zitiert. Die von ihm für möglich gehaltene Auslöschung unserer Spezies wertet er als den angemessenen Preis, den wir für unsere Verrücktheiten und Grausamkeiten zu zahlen haben (Monod 2002, 246).

Edward Wilson schreibt in seinem anregenden Buch *Die Zukunft des Lebens*:

> Der Mensch hat bislang die Rolle eines globalen Massenmörders gespielt, der nur sein eigenes kurzfristiges Überleben im Blick hat. Auf diese Weise haben wir einen wesentlichen Teil der biologischen Vielfalt ausgelöscht. Die Naturschutzethik, ob sie nun als Tabu, Totemglauben oder Wissenschaft formuliert wird, ist durchweg zu spät gekommen oder hat sich als nicht stark genug erwiesen, um die anfälligsten Lebensformen zu schützen. (Wilson 2002,129).

Zwei namhafte Wissenschaftler, die ein hohes Ansehen genießen, sollten noch erwähnt werden: James Lovelock, der die Gaia-Theorie ausgearbeitet hat, derzufolge die Erde ein lebendiger Großorganismus ist. Eines seiner Bücher trägt den starken Titel *Gaias Rache*. Und weiter oben bin ich bereits auf den englischen Astrophysiker Martin Rees mit seinem Buch *Unsere letzte Stunde* eingegangen, in dem er das Ende unserer Spezies noch vor Ende des 21. Jahrhunderts prophezeit. In der brasilianischen Zeitschrift *Veja* gab Lovelock am 25. Oktober 2006 ein Interview, in dem er seine Warnungen bekräftigte und sie im ökologischen Kontext Brasiliens verortete. Er formuliert prägnant:

> Bis zum Ende des Jahrhunderts werden 80 % der Menschheit verschwunden sein. Die verbleibenden 20 % werden in der Arktis und an einigen wenigen Oasen in anderen Kontinenten leben, wo die Temperaturen niedriger sind und es ein wenig Regen gibt. Fast das gesamte Territorium Brasiliens wird zu heiß und zu trocken sein, um von Menschen bewohnt zu werden.

Eine Tatsache, die viele Wissenschaftler, insbesondere Biologen und Astrophysiker, im Zusammenhang eines möglichen Kollapses der Spezies Mensch herausgefordert hat, ist das exponenzielle Bevölkerungswachstum. Die Menschheit brauchte eine Million Jahre, um im Jahr 1850 die Größe von einer Milliarde zu erreichen. Die Zeiträume, in denen eine weitere Milliarde dazukommt, wurden immer kürzer. Zunächst waren es noch 75 Jahre (von 1850 bis 1925), dann etwas mehr als dreißig Jahre, und nun sind es etwa zwölf Jahre. Man sagt voraus, dass es um das Jahr 2050 zehn Milliarden Menschen auf der Welt geben wird. Dies ist ein unglaublicher Triumph unserer Spezies.

Lynn Margulis und Dorian Sagan behaupten in ihrem bekannten Buch *Microcosmos* aufgrund von Daten aus Fossilienfunden und der Evolutionsbiologie, dass eines der Anzeichen des nahe bevorstehenden Zusammenbruchs einer Spezies die rasche Zunahme ihrer Population ist. Dies kann man bei Mikroorganismen beobachten, die man in einer Petrischale züchtet, in die man eine Bakterienkolonie samt den entsprechenden Nährstoffen gibt. Bevor die Bakterien den Rand der Schale erreichen und die Nährstoffe zur Neige gehen, vermehren sie sich exponenziell. Und plötzlich sterben alle gleichzeitig.

Für die Menschheit – so die beiden – kann sich die Erde als eine Petrischale erweisen. In der Tat nehmen wir fast die ganze Erdoberfläche für uns ein und lassen nur 17 % übrig, weil es sich um unwirtliche Regionen wie etwa Wüsten und hohe, schneebedeckte oder felsige Berge handelt. Leider gehen wir von Homiziden, Genoziden und Ökoziden zu Bioziden über. Befinden wir uns nicht tatsächlich in einer Petrischale und steht uns nicht ein ähnliches Schicksal bevor wie den Bakterien?

Der bereits verstorbene Carl Sagan sah im Versuch des Menschen, zum Mond zu fliegen und Sonden wie die Voyager über das Sonnensystem hinaus zu senden, den Ausdruck des kollektiven Unbewussten, das die Gefahr unseres nahen Untergangs vorausahnt. Der Wille zu leben führt uns dazu, über Möglichkeiten des Überlebens außerhalb der Erde nachzudenken.

Der Astrophysiker Stephen Hawking spricht von der möglichen Besiedlung außerhalb des Sonnensystems mit Raumschiffen, einer Art Segelschiffe des Weltraums, die von Laserstrahlen angetrieben werden, welche ihnen eine Geschwindigkeit von 30.000 km pro Sekunde verleihen würden. Doch um zu anderen Planetensystemen zu gelangen, müssten wir Entfernungen von Abermilliarden Kilometern überwinden, was unglaublich viele Jahre dauern würde. Wir sind nun Gefangene des Lichts, dessen Geschwindigkeit 300.000 km pro Sekunde beträgt und die bis heute nicht übertroffen werden kann. Allein um zum Stern zu gelangen, der uns außerhalb unseres Sonnensystems am nächsten ist, dem Alpha Centauri, bräuchten wir 43 Jahre, ohne zu wissen, wie man dieses Raumschiff bei dieser äußerst hohen Geschwindigkeit bremsen kann.

Natürlich müssen wir Geduld haben mit dem Menschen. Er ist noch nicht fertig. Er hat viel zu lernen. Im Verhältnis zur kosmischen Zeit hat er weniger als eine Minute zu leben. Doch mit ihm vollzog die Evolution einen Sprung vom Unbewussten zum Bewusstsein. Und das Bewusstsein ist die Möglichkeit zur Wahl des eigenen Schicksals. Aus dieser Perspektive stellt die aktuelle Situation eher eine Herausforderung als eine unvermeidbare Katastrophe dar, den Übergang zu einer höheren Ebene und nicht zwangsläufig das Versinken in Selbstzerstörung. So gesehen befänden wir uns also in einem Szenario der Krise des zivilisatorischen Paradigmas und nicht in einer Tragödie.

Doch wird die Zeit für diesen Lernvorgang reichen? Alles scheint darauf hinzudeuten, dass uns die Zeit davonläuft. Kommen wir nicht viel zu spät, da wir den „point of no return", den Punt, von dem aus es keine Rückkehr mehr gibt, schon überschritten haben? Doch da die Evolution nicht linear verläuft und häufige Brüche sowie Sprünge nach vorn im Sinne einer größeren Komplexität kennt, und da der Quantenphysik Werner Heisenbergs und Niels Bohrs zufolge alle Energien und alle Evolution nicht determiniert und fließend ist, ist keineswegs auszuschließen, dass eine neue Ebene des Bewusstseins und des menschlichen Lebens entsteht, die die Biosphäre und den Planeten Erde rettet.

Diese Veränderung wäre, wie Augustinus in seinen *Bekenntnissen* sagt, das Ergebnis zweier großer Kräfte: einer großen Liebe und eines großen Leids. Liebe und Leid haben die Kraft, uns gänzlich zu verändern. Dieses Mal werden wir durch eine unermesslich große Liebe zur Erde, unserer Mutter, und durch ein großes Leid aufgrund der Schmerzen, die sie durchmacht, verändert.

Doch wenn wir von der Hypothese eines möglichen Verschwindens der Spezies Mensch ausgehen: Was folgt daraus für uns und für den Evolutionsprozess insgesamt?

Ohne jeden Zweifel wäre dies eine biologische Katastrophe unvorstellbaren Ausmaßes. Die Arbeit von mindestens 3,8 Milliarden Jahren (vor so vielen Jahren ist wahrscheinlich das Leben entstanden) und der letzten sieben bis acht Millionen Jahre bis zum Auftauchen des Menschen sowie der letzten 100.000 Jahre, seit der Homo sapiens sapiens auf den Plan trat, wäre zumindest tief beeinträchtigt, wenn nicht gar zunichte gemacht – eine Arbeit, die das gesamte Universum mit all seinen Energien, seiner Information und der Materie in unterschiedlicher Dichte geleistet hat.

Soweit wir das durch die Erforschung des Universums feststellen können, ist der Mensch das komplexeste bekannte Wesen der Natur. Komplex hinsichtlich seines Körpers mit 30 Milliarden Zellen, die durch das genetische System ständig erneuert werden, komplex hinsichtlich seines Gehirns mit 100 Milliarden Neuronen, die in einem System von Synapsen ständig miteinander verbunden sind, komplex hinsichtlich seiner Innerlichkeit und Selbstgegebenheit (Interiorität), hinsichtlich seiner Psyche und hinsichtlich seines Bewusstseins voller Informationen, die sich seit der Entstehung des Kosmos mit dem Urknall angesammelt haben, das von Emotionen, Träumen, Archetypen und Symbolen bereichert wird, die der Interaktion des Bewusstseins mit sich selbst und seiner Umgebung entspringen, komplex hinsichtlich seines Geistes, der fähig ist, das Ganze zu erfassen und sich als dessen Teil zu empfinden sowie jenes Band zu erkennen, das alle Dinge eint und vereint, verbindet und rückverbindet und so bewirkt, dass sie nicht chaotisch, sondern geordnet sind, der Existenz in dieser Welt Sinn und Bedeutung verleihen und in uns Gefühle tiefer Ehrfurcht und tiefen Respekts angesichts der Großartigkeit des Kosmos entstehen lassen.

Bis heute konnten wissenschaftlich keine anderen intelligenten Lebensformen im Universum zweifelsfrei nachgewiesen werden. Wir stellen also als Spezies Mensch eine Singularität im Kosmos dar, die ihresgleichen sucht. Wir sind Bewohner einer Galaxie mittlerer Größenordnung, der Milchstraße, und hängen vom fünftgrößten Stern in einem Seitenarm der Milchstraße, der Sonne, ab. Wir wohnen auf dem dritten Planeten des Sonnensystems, der Erde, und sind nun hier auf diesem kleinen Flecken, um darüber nachzudenken, was unser mögliches Ende bedeutet.

Das Universum, die Geschichte des Lebens und die Geschichte des menschlichen Lebens würden etwas Unschätzbares verlieren. Die gesamte Kreativität, die dieses Wesen als geschaffener Schöpfer entfaltet hat, das Dinge geleistet hat, die die Evolution aus sich selbst heraus ohne den Menschen niemals hervorgebracht hätte – ein Gemälde von Emilio Di Cavalcanti, eine Sinfonie Beethovens, ein Gedicht von Carlos Drumond de Andrade oder einen Fernsehsender, ein Flugzeug und das Internet mit seinen sozialen Netzwerken – wäre zunichte gemacht. Die materiellen, symbolischen und spirituellen Errungenschaften der Kultur wären für immer verschwunden.

Für immer zu Staub geworden wären die großen Werke der Dichtkunst, der Musik, der Literatur, die Errungenschaften der Wissenschaft, der Gesellschaft, der Politik, die ethischen Einsichten und religiösen Überzeugungen der Menschheit.

Für immer verschwunden wären auch die großen menschlichen Vorbilder der Liebe, der Fürsorge, des Mitleids und des Schutzes des Lebens in all seinen Gestalten wie Buddha, Chuang-tzu, Mose, Jesus, Maria von Nazaret, Muhammad, Franz von Assisi, Teresa von Ávila, Mahatma Gandhi, Dom Hélder Câmara und viele andere. Für immer verschwunden wären auch die Anti-Helden, die die Menschlichkeit befleckt und die Würde des Lebens in unzähligen

Kriegen und Vernichtungsfeldzügen verletzt haben, deren Namen wir gar nicht in Erinnerung rufen wollen. Es genügt, die derzeitigen großflächigen Brände im Amazonasbecken und im Pantanal zu erwähnen, die wahrscheinlich absichtlich von Leuten auf der Suche nach Profit um jeden Preis gelegt wurden. Solche Ereignisse stellen eine Bedrohung für das klimatische Gleichgewicht dar.

Für immer verschwunden wären auch die Versuche, die Ursprungsquelle allen Seins zu ergründen, die alle Wirklichkeit durchdringt, verschwunden wäre das Bewusstsein unserer tiefen Gemeinschaft mit ihr, die bewirkt, dass wir uns als Söhne und Töchter des unnennbaren Geheimnisses empfinden und uns als einen unendlichen Entwurf verstehen, der nur zur Ruhe kommt, wenn er im Schoß dieses Mysteriums unendlicher Zärtlichkeit und Güte ruht.

Für immer wäre all das verschwunden aus diesem kleinen Teil des Universums, den unsere Mutter Erde darstellt.

Schließlich ist die Frage angebracht: Wer wird uns in der Evolution des Lebens ersetzen, falls irgendeine Lebensform weiterbesteht? Wenn wir hypothetisch annehmen, dass der Mensch als Spezies verschwindet, so bleibt dennoch das Prinzip der Intelligenz und der Liebesfähigkeit erhalten. Es ist zuerst im Universum angelegt und erst danach tritt es in uns Menschen in Erscheinung. Dieses Prinzip ist so alt wie das Universum selbst.

Als in den allerersten Augenblicken nach der großen Explosion Quarks, Protonen und andere Elementarteilchen zu interagieren begannen, entstanden Beziehungsfelder, Informationseinheiten und kleinste komplexe Ordnungen. Hier zeigte sich das, was später Geist genannt werden sollte: jene Fähigkeit, Einheiten und Bilder von Ordnung und Sinn zu schaffen. Wenn sie mit der Spezies Mensch verschwunden sein wird, dann wird sie eines Tages, vielleicht nach Millionen Jahren der Evolution, in einem anderen komplexeren Wesen wieder hervorbrechen.

Der bereits erwähnte Naturforscher Théodore Monod, der im Jahr 2000 verstorben ist, hat sogar einen Kandidaten dafür vorgeschlagen, der in der Evolution bereits vorhanden ist: die Cephalopoden, das heißt eine Art von Weichtieren, die den Kraken und Tintenfischen ähneln. Einige von ihnen verfügen über eine bemerkenswerte anatomische Vollkommenheit. Ihr Kopf ist mit einer knorpeligen Kapsel ausgestattet, die als Schädel fungiert, und sie haben Augen wie die Wirbeltiere. Darüber hinaus besitzen sie eine hoch entwickelte Psyche, sogar mit einem doppelten Gedächtnis, während wir nur eines haben (Monod 2002, 247–248).

Natürlich werden sie nicht bereits morgen dem Meer entsteigen und auf dem Festland unsere Häuser, unsere Lehrstühle und Arbeitsplätze übernehmen. Hierfür bräuchte es Millionen von Jahren der Evolution. Doch sie verfügen bereits über die biologische Grundlage für einen Sprung in Richtung Bewusstsein.

In jedem Fall ist es dringend an der Zeit, eine Wahl zu treffen: entweder der Mensch und seine Zukunft oder die Kraken und Tintenfische. Ich bin mehr als ein Optimist und hege die Hoffnung, dass wir ein Urteil fällen und Weisheit lernen werden.

Es kommt jedoch bereits jetzt darauf an, Liebe zum Leben in seiner erhabenen Vielfalt an den Tag zu legen, Mitleid zu haben mit allen, die leiden, rasch die notwendige soziale Gerechtigkeit herzustellen und die Große Mutter, die Erde, zu lieben. Die Heilige Schrift der Juden und Christen fordert uns auf: Wähle das Leben, und du wirst leben (Dtn 30,28). Beeilen wir uns, denn wir haben nicht viel Zeit zu verlieren.

Schließlich wollen wir die Frage noch radikaler stellen: Wie sieht die christliche Theologie eine mögliche Auslöschung der Spezies Mensch?

Ordnen wir zunächst diese Frage in ihre historische Tradition ein, denn es ist nicht das erste Mal, dass die Menschen sie sich ernsthaft stellen. Immer wenn eine Kultur, so wie die unsere, in die Krise gerät, tauchen Mythen vom Ende der Welt und von der Zerstörung der Spezies auf. Dann bedient man sich eines bekannten literarischen Stilmittels: pathetischer Erzählungen von Visionen und vom Eingreifen von Engeln, die unmittelbar bevorstehende Veränderungen ankündigen und die Menschheit entsprechend vorbereiten. Im Neuen Testament nahm diese literarische Gattung im Buch der Offenbarung des Johannes und in einigen Abschnitten der Evangelien Gestalt an, die Jesus eine Verkündigung vom Ende der Welt in den Mund legen.

Heute gedeiht eine Unmenge an esoterischer Literatur, die verschiedene Kodierungen benutzt wie etwa den Übergang zu einer anderen Art von Schwingung und die Kommunikation mit Außerirdischen. Die große Wende steht unmittelbar bevor und muss vorbereitet werden.

Es ist wichtig, sich von dieser Art von Sprache nicht täuschen zu lassen. Es ist die Sprache der Krisenzeiten und kein vorweggenommener Bericht von dem, was geschehen wird. Doch es gibt einen Unterschied zwischen den Alten und uns Heutigen. Für die Menschen im Altertum war das Ende der Welt in ihrer Fantasie und manifestierte sich nicht in einem realen Prozess. Für uns hingegen ist es im Prozess der Wirklichkeit selbst angelegt, denn wir bringen tatsächlich das Prinzip der Selbstzerstörung hervor.

Und wie ist es zu deuten, wenn wir als Spezies verschwinden? Sind wir nun innerhalb des Evolutionsprozesses an der Reihe, zumal es ja immer Spezies gab, die auf natürliche Weise ausstarben? Was sagt die christliche Theologie dazu?

Knapp zusammengefasst würde ich sagen: Wenn das planetarische Abenteuer des Menschen scheitert, dann ist dies ohne Zweifel eine ungeheure Tragödie. Aber es wäre keine absolute Tragödie. Diese ist nämlich bereits eingetreten. Als der Sohn Gottes inmitten unseres Elends in Jesus von Nazaret fleischliche Gestalt annahm, wurde er gleich nach seiner Geburt durch Herodes mit dem Tod bedroht. Er opferte alle Kinder im Umkreis von Betlehem in der Hoffnung, dass er dann den Messias getötet habe. Dann wurde dieser Jesus im Lauf seines Lebens verleumdet, verfolgt, abgewiesen, gefangen genommen, gefoltert und an ein Kreuz geschlagen.

Erst dann nahm das Gestalt an, was wir Ursprungssünde nennen. Sie ist ein historischer Prozess der Verneinung des Lebens. Doch es ereignete sich auch – so glauben die Christen – das höchste Heil, denn da, wo die Sünde im Übermaß gedeiht, strömt noch viel reichlicher die Gnade. Es kam zur Auferstehung nicht im Sinne einer Reanimation eines Leichnams, sondern als Hervorbrechen des neuen Menschen in der Fülle seiner realisierten Möglichkeiten. Es stellt nun aber eine größere Perversion dar, den menschgewordenen Sohn Gottes zu töten als die Kreatur, das Leben, den Planeten zu töten.

Selbst wenn sich die Spezies Mensch selbst auslöscht, so kann sie doch nicht alles, was ihr zuzurechnen ist, töten. Sie tötet nur das, was ist. Sie kann nicht das töten, was noch nicht ist: die in ihr verborgenen Möglichkeiten, die Wirklichkeit werden wollen.

Und hier kommt der Tod in seiner befreienden Rolle ins Spiel. Der Tod trennt nicht Körper und Seele voneinander, denn im Menschen gibt es nichts zu trennen. Er ist ein einheitliches Wesen mit vielen Dimensionen: einer äußeren und materiellen, dem Leib, und es ist eben dieser Leib in seiner Innerlichkeit, Selbstgegebenheit, Interiorität und Tiefe, den wir Geist nennen. Was vom Tod getrennt wird, ist die Zeit von der Ewigkeit. Im Sterben verlässt der Mensch die Zeit und dringt zur Ewigkeit vor. Wenn die Schranken der Raumzeit fallen, können die darin gefangenen Möglichkeiten in ihrer Fülle hervorbrechen. Erst dann werden wir als volle Menschen geboren sein. Selbst wenn es also zur verbrecherischen Ausrottung der Spezies kommt, ist der Triumph der Spezies damit nicht vereitelt. Die Spezies tritt durch den Tod auf tragische Weise aus der Zeit heraus, durch jenen Tod, der ihr gestattet, in die Ewigkeit einzutreten. Und Gott ist der, der aus dem Tod das Leben und aus dem Untergang die neue Kreatur herausholen kann.

Nähren wir diese Hoffnung. So wie der Mensch andere Mittel der Zerstörung wie als deren erstes das Feuer gezähmt hat (worin die Mythen vom Ende der Welt ihren Ursprung haben), so wird er nun, so hoffe ich, die Mittel unter seine Kontrolle bringen, die ihn zerstören können.

Noch erhellender ist es, wenn wir über diese Frage im Lichte der Quantenphysik und der neuen Kosmologie nachdenken. Die Evolution verläuft nicht geradlinig. Sie akkumuliert Energie und vollzieht Sprünge. So legt es uns auch die Quantenphysik nahe, wie sie Niels Bohr und Werner Heisenberg gedeutet haben: Verborgene Möglichkeiten, die aus jener Hintergrundenergie, einem wahren nicht zu entschlüsselnden Ozean von Energien jeglicher Ordnung, kommen, die dem gesamten Universum, auch der Erde und dem Menschen, zugrunde liegt und es durchdringt, können hervorbrechen und die Richtung der Evolution verändern.

Ich weigere mich zu denken, dass unser Schicksal nach Millionen Jahren der Evolution demnächst oder mit den nächsten Generationen eine so elendige Gestalt annehmen sollte. Es wird vielleicht einen Sprung in die Richtung dessen geben, was Pierre Teilhard de Chardin bereits im Jahr 1933 vorhersagte: das Hereinbrechen der Noosphäre, das heißt jenes Stadiums des Bewusstseins und der Beziehung zur Natur, das eine neue Konvergenz von Verstand und Herz und damit eine neue Stufe der menschlichen Evolution und der Erdgeschichte einleiten wird.

Aus dieser Perspektive betrachtet, wäre das aktuelle Szenario keines der Tragödie, sondern vielmehr der Krise des Paradigmas, der Art und Weise, wie wir das Gemeinsame Haus bewohnen. Die Krise klärt, reinigt und lässt reifen. Sie kündigt einen Neuanfang an. Unsere Schmerzen sind Geburtswehen eines verheißungsvollen Neubeginns und nicht die Schmerzen eines Sterbenden, der in Agonie liegt. Wir werden noch strahlen.

Wichtig zu betonen ist, dass nicht das Ende der Welt eintritt, sondern das Ende dieser Art von Welt, dieser Welt ohne Verstand, die den Krieg und die Massenzerstörung liebt. Wir werden eine menschliche Welt in Angriff nehmen, die das Leben liebt, die Gewalt entsakralisiert, Fürsorge und Erbarmen mit allen Lebewesen walten lässt, wahre Gerechtigkeit übt, das Geheimnis der Welt verehrt, das wir Ursprungsquelle nennen, die alles Seiende im Sein hält und die wir Gott nennen und die uns schließlich den Aufenthalt auf dem Berg der Seligpreisungen ermöglicht. Der Mensch wird einfach gelernt haben, alle Menschen menschlich zu behandeln und den übrigen Lebewesen mit Fürsorge, Respekt und Mitleid zu begegnen. Alles, was existiert, verdient es zu existieren. Alles, was lebt, verdient es zu leben. Insbesondere wir Menschen.

Wie wir das Ende der Welt hinausschieben oder verhindern

Zu allen Zeiten, auch in der Frühzeit der Menschheitsgeschichte wie zum Beispiel anlässlich der Zähmung des Feuers, tauchten Bilder vom Ende der Welt auf. Das Feuer konnte plötzlich alles verschlingen. Doch den Menschen gelang es, die Gefahren unter Kontrolle zu halten und das Ende der Welt hinauszuzögern oder ganz zu verhindern. Heute ist das nicht anders. Doch unsere Situation weist ein Alleinstellungsmerkmal auf: Wir können tatsächlich und nicht nur in unserer Fantasie alles sichtbare Leben vernichten, wie wir es kennen. Wir haben das Prinzip der Selbstzerstörung geschaffen und verfügen über Atomwaffen sowie chemische und biologische Kampfstoffe, die, sobald sie aktiviert werden, in der Tat das sichtbare Leben auf Erden austilgen können. Vielleicht bleiben dabei die Mikroorganismen verschont, die sich in nicht vorstellbarer Menge im Boden verbergen.

Was können wir angesichts dieses möglichen ökologischen Amargeddon tun? Wir wissen, dass jedes Jahr Hunderte von lebendigen Arten, die den Höhepunkt ihrer Entwicklung erreicht haben, für immer verschwinden, nachdem sie Millionen Jahre auf diesem Planeten gelebt haben. Die Ursache des Verschwindens vieler von ihnen ist das gierige Verhalten eines Teils der Menschheit, der über die Maßen konsumiert und dem mögliche ökologische Katastrophen egal sind.

Könnte es sein, dass nun wir an der Reihe sind und entweder aufgrund unserer Verantwortungslosigkeit oder weil wir fast die gesamte Fläche des Planeten in nicht freundschaftlicher, sondern aggressiver Weise in Beschlag genommen haben, von der Erdoberfläche verschwinden? Haben wir auf diese Weise nicht die Bedingungen für eine Situation geschaffen, von der es kein Zurück mehr gibt, und damit die Ausgangslage für unser Verschwinden?

Der gesamte Planet – so behaupten einige Mikrobiologen wie Lynn Margulis oder Dorian Sagan – ist eine Art Petrischale, wie ich weiter oben bereits ausgeführt habe: Wenn die Bakterien die Erschöpfung der Nährlösung bemerken, dann vermehren sie sich in rasender Geschwindigkeit, und plötzlich sterben alle. Ist nicht auch – so habe ich vorher bereits gefragt – die Erde eine Petrischale, in der uns ein ähnliches Schicksal erwartet wie die Bakterien?

Wir Menschen nehmen in der Tat 83 % der Fläche des Planeten ein, wir plündern fast alle nicht erneuerbaren Stoffe aus, die Erdüberlastung beschleunigt sich und die Bevölkerung wuchs im letzten halben Jahrhundert exponentiell. Haben wir auf diese Weise nicht der Logik der Bakterien in der Petrischale gehorcht und gehen wir nicht zwangsläufig einem ähnlichen Schicksal entgegen?

Da wir über Intelligenz und technische Mittel ebenso verfügen wie über Werte, die mit der Sorge um das Leben und dessen Erhaltung verbunden sind, hätten wir die Möglichkeit, „das Ende der Welt hinauszuzögern“ (so drückt es der indigene Stammesführer Ailton Krenak aus) oder „dem Ende der Welt zu entkommen“, wie Papst Franziskus zu sagen pflegt. Er hat in diesem Zusammenhang auch darauf hingewiesen, dass wir alle in einem Boot sitzen und niemand sich allein retten kann. Das können wir, wenn überhaupt, nur zusammen tun (*Fratelli tutti*, 32). Wir müssen uns ändern, andernfalls werden wir eine ökologisch-soziale Katastrophe erleben wie niemals zuvor.

Ich füge einige Überlegungen an, die auf eine mögliche Rettung des Lebens und unserer Zivilisation verweisen. Eine Aussage, die der französische Philosoph Edgar Morin vor Kurzem gemacht hat, scheint mir Hoffnung zu vermitteln: „Die Geschichte hat etliche Male gezeigt, dass das Entstehen von Unerwartetem und das Eintreten des Unwahrscheinlichen plausibel sind und den Lauf der Ereignisse verändern können.“ (vgl. auch Morin 1973, 217–227) Ich glaube, dass beides, das Unerwartete und das Unwahrscheinliche, möglich ist. Die Menschheit hat etliche Krisen großen Ausmaßes durchgemacht, und es ist ihr stets gelungen, besser daraus hervorzugehen. Warum sollte es jetzt anders sein?

Überdies gibt es in uns das, worauf auch Papst Franziskus in seiner Enzyklika *Fratelli tutti* Bezug genommen hat: „Ich lade zur Hoffnung ein.“ (*Fratelli tutti*, 55) Diese Hoffnung gibt uns Kunde von einer im Tiefsten des Menschen verwurzelten Realität, die unabhängig von den konkreten Umständen und historischen Bedingtheiten ist, in denen er lebt. Dieses *Prinzip Hoffnung*, wie es Ernst Bloch genannt hat, ist die Quelle für Erneuerungen, neue Utopien und rettendes Handeln.

Der Mensch ist von der Hoffnung angetrieben und erscheint als ein utopisches Wesen, das heißt als ein unendlicher Entwurf. Stets kann er einen Weg der Rettung einschlagen, denn der Wunsch nach Leben, nach mehr Leben und einem besseren Leben, ist stärker als der Todestrieb.

Dieses Neue ist im Allgemeinen seinem Wesen nach wie ein Samenkorn: Es beginnt in kleinen Gruppen, doch es trägt die Lebenskraft und die Zukunft eines jeden Samens in sich. Aus ihm keimt langsam das Neue heraus, bis es Nachhaltigkeit erlangt und eine neue Etappe des Experiments Mensch einleitet.

In allen Teilen der Welt sind die neuen Noachs am Werk und bauen ihre rettenden Archen, das heißt probieren eine neue ökologische Ökonomie, den biologischen Landbau, solidarische Formen der Produktion und des Konsums und eine neue Art Volksdemokratie aus, die partizipativ und ökologisch-sozial ist.

Dies sind die Samenkörner, die Träger einer Zukunft voller Hoffnung. Sie sind es, die eine neue Art, das Gemeinsame Haus zu bewohnen, gewährleisten können. Diese neue Weise besteht darin, dass man sich um dieses Haus und alle dazugehörigen Ökosysteme kümmert und vielleicht den Traum der Andenvölker eines erfüllten Lebens und Zusammenlebens oder der Biozivilisation des Papstes Franziskus lebt.

IV. Gott, der leidenschaftliche Liebhaber des Lebens

Nicht Einsamkeit des Einen, sondern Gemeinschaft der Drei

Im Jahr 2002 gab ich Vorlesungen als Gastprofessor in Heidelberg, wo unter anderem auch der Existenzphilosoph Karl Jaspers lehrte. Ein muslimischer Student besuchte meine Vorlesung über die Basiskirche, die sogenannten Kirchlichen Basisgemeinden. Ich erzählte, dass vor Jahren bei einem großen Treffen der Basisgemeinden in der Stadt Trinidade im Bundesstaat Goiás (Zentralbrasilien) vor dem Eingang zum Treffen in Großbuchstaben geschrieben stand: „Die Allerheiligste Dreifaltigkeit ist die beste Gemeinschaft."

Es ist bekannt, dass sich die Muslime so wie die Juden zu einem Monotheismus im strengen Sinne bekennen. Als dieser muslimische Student meine Ausführungen darüber hörte, dass Gott immer Beziehung und Gemeinschaft ist, fragte er mich: „Wenn ich sage, dass wir den Gott, der über uns und unsere Ursprungsquelle ist, Vater nennen, und den Gott, der als unser Bruder an unserer Seite ist, Sohn nennen, und schließlich den Gott, der in uns wohnt und sich als Begeisterung kundtut, Heiligen Geist nennen: Meinen Sie, dass ich dann von der Heiligsten Dreifaltigkeit im Sinne der Christen spreche?"

Ich machte eine kleine Pause, strich mit den Händen über meinen Bart, dachte ein wenig nach und sagte: „Auf existenzieller Ebene der Erfahrung eines Christen können wir, metaphorisch gesprochen, sagen, dass dies die Allerheiligste Dreifaltigkeit ist." Aber ich setzte hinzu: „Die Theologie bedient sich nicht dieser Redeweise. Sie benutzt abstrakte Ausdrücke, die ihren Ursprung in der griechischen

Philosophie haben, und redet von einem einzigen Wesen, das in drei göttlichen Personen subsistiert, nämlich Vater, Sohn und Heiliger Geist. Das verstehen nur wenige. Doch du hast recht, denn das, was du sagst, können alle verstehen.“ Darauf antwortete er: „Ich als Muslim akzeptiere einen solchen Gott. Er steht nicht in Widerspruch zu meinem muslimischen Glauben, der ebenfalls von Beziehung und Gemeinschaft spricht und alle Menschen als Brüder und Schwestern betrachtet.“

Zum trinitarischen Dogma wurden große theoretische Abhandlungen und etliche verurteilte Häresien verfasst. Alles wurde im Rahmen der griechischen Philosophie gedacht, die von Person, Substanz, Beziehung, Perichorese (gegenseitige Durchdringung der göttlichen Personen) usw. spricht. Die Reflexion darüber war so kompliziert, dass die Christen in der Praxis nicht die Heiligste Dreifaltigkeit verehren, weil sie das nicht verstehen. Sie sprechen von Gott in einem monotheistischen Verständnis. Doch auf diese Weise geht uns die Originalität des christlichen Denkens und Sprechens über Gott verloren.

Die Einsicht, die hinter der Aussage von der Trinität steht, ist in Wahrheit: Gott ist nicht die Einsamkeit des Einen, sondern die Gemeinschaft der Drei einzigen Personen. Das heißt, dass das innerste Wesen Gottes Liebe, Gemeinschaft, ein Sich-Verströmen, Einbeziehung, gegenseitige Durchdringung ist, eine so vollkommene ewige Dynamik, die bewirkt, dass Gott ein dreieiniger Gott ist.

Wenn die Christen sagen, dass Gott Dreieinigkeit, Vater, Sohn und Heiliger Geist, ist, dann zählen sie nicht 1 + 1 + 1 = 3 zusammen. Warum sollte man bei Drei aufhören, man kann unendlich weiterzählen, fragte sich Kant. Wir müssen jedoch begreifen: Wenn es um Zahlen geht, dann ist Gott ein Einziger, und nicht Drei, also 1 + 1 + 1 = 1. Doch hier wird gesagt, dass es drei Einzige gibt.

Der Einzige ist keine Zahl und kann deshalb nicht addiert werden. Doch diese drei Einzigen setzen sich aus ihrem inneren Wesen heraus auf so absolute Weise miteinander in Beziehung, sie verbinden sich auf so innige Weise miteinander, sie lieben einander auf so radikale Weise, dass sie sich ver-einen. Sie sind Einer, eine einzige Bewegung der Liebe, der Gemeinschaft und der Beziehung. Eine solche höchste Wirklichkeit macht den trinitarischen Monotheismus aus, der sich vom strikten hebräischen oder muslimischen Monotheismus unterscheidet.

Die Theologie prägte den griechischen Ausdruck „Perichorese“, den man ins Lateinische mit „circuminsessio“ übersetzt (einer im anderen, wie in einem Kreis). Damit bringt man die Reziprozität und Relationalität unter den drei Einzigen zum Ausdruck. Diese Gemeinschaft ist nicht das Ergebnis der Personen, die zunächst an und für sich konstituiert wären und sich erst dann in Beziehung zueinander setzten. Dies wäre die Häresie des Tritheismus, das heißt, wir hätten damit drei Götter. So ist es nicht. Die Gemeinschaft ist gleichzeitig, ursprünglich und ewig in den drei Einzigen. Ein jeder von ihnen sind als Einzige immer schon Liebe und Beziehung zueinander.

Mit der Dreieinigkeit wollen wir Gott nicht vervielfachen. Was wir damit zum Ausdruck bringen wollen, ist die einzigartige Erfahrung, dass Gott Gemeinschaft und nicht Einsamkeit ist, das er Liebe ist, die sich in andere verströmt und die Gefährten in seiner Liebe haben will. Deshalb schuf er das Universum und den Menschen als Mann und Frau nach seinem trinitarischen Bild und Gleichnis.

Treffend schrieb Papst Franziskus in seiner Ökologie-Enzyklika *Laudato si'*:

> Die Welt wurde durch die drei Personen, den einen göttlichen Ursprung, geschaffen [...] und die Welt, die nach göttlichem Bild erschaffen ist, ist ein Gewebe von Beziehungen. (*Laudato si'*, 238–240)

Auf diese Weise überschreiten wir eine monotheistische und substanzialistische Sichtweise der Gottheit. Die Dreieinigkeit versetzt uns ins Zentrum einer dynamischen Sichtweise der steten Bewegung von Beziehungen, der Reziprozität, der wechselseitigen Gemeinschaft untereinander in der Art, wie man auch in der neuen Kosmologie und der Quantenphysik zu denken pflegt: Alles ist Beziehung, alles ist mit allem verbunden und nichts existiert außerhalb der Beziehung.

Der dreieinige Gott ist die relationale Matrix, die allen Beziehungen zugrundeliegt und deren tragendes Fundament bildet, auch der unsrigen in Gestalt der Sympathie, Freundschaft und Liebe. Die Gemeinschaft ist den Personen nicht nachgeordnet, sie ist gleichzeitig und gleichursprünglich mit den Personen. Sie sind miteinander seit aller Ewigkeit und Beziehung.

Der heilige Augustinus, der große Denker dieser Sichtweise von Gott als Gemeinschaft, schrieb in seinem Buch *De Trinitate*:

> Eine jede der göttlichen Personen ist in einer jeden der anderen und alle in jeder einzelnen und jede einzelne in allen und alle sind in allen und alle sind nur Einer. (De Trinitate VI,10.20).

In einer direkten, immer analogen und metaphorischen Sprache, die stärker im gelebten Glauben verankert ist als in den Dogmen, können wir das Denken meines muslimischen Hörers akzeptieren: Gott, der über uns ist und Quelle, aus der alles strömt, ist der Vater. Gott, der an unserer Seite ist, mit uns auf dem Weg und der Freund der Armen ist, ist unser Blutsbruder. Wir nennen ihn den Sohn. Gott, der in uns wohnt, der uns in der Verzweiflung stützt und uns stets Hoffnung und Begeisterung schenkt, ist der Heilige Geist. Sie sind ein einziger Gott, der Gemeinschaft, Beziehung und Liebe ist.

Ein solcher Gott kann akzeptiert werden, denn er ist in gewisser Weise verständlich, auch wenn er bei allem Verstehen stets Geheimnis bleibt, doch wir können uns in ihm umfangen fühlen in seinen Beziehungen der Liebe und der Gemeinschaft.

Einen Gott, den es gibt, gibt es nicht

„Gott existiert nicht“, meinte der Physiker und Astronom Stephen Hawking, der im März 2018 verstorben ist. Ich würde mit einem der scharfsinnigsten mittelalterlichen Philosophen und Theologen, den man den „doctor subtilis“ nannte, dem schottischen Franziskaner

Johannes Duns Scotus (1266–1308), erwidern: „Wenn es Gott so gibt, wie es die Dinge gibt, dann gibt es ihn nicht."

Beide, Hawking und Duns Scotus, haben recht. Der berühmte Physiker und Entdecker der „schwarzen Löcher" bewegt sich innerhalb der Blase der Physik, in dem Bereich, der ausgemessen, berechnet und zum Gegenstand empirischer Experimente gemacht werden kann. Gott innerhalb dieses Paradigmas zu suchen bedeutet, ihn nicht finden zu können, denn Gott ist kein Gegenstand mit dinghaften Merkmalen, und wenn er auch noch so winzig (ein Topquark oder ein Boson) oder noch so groß wäre wie der Galaxienhaufen von unermesslichen Ausmaßen. Das Äußerste, was der gesunde Verstand, mit dem einige Wissenschaftler durchaus gesegnet sind, sagen könnte, wäre: Es gibt „ein Sein, das alle Dinge im Sein hält" und selbst kein Ding ist. Denn aus nichts geht nichts hervor.

Vom Standpunkt der Physik also ist die Behauptung, dass "Gott faktisch nicht existiert", richtig. Doch die Physik ist nicht der einzige Zugang zur Wirklichkeit.

Es gibt andere Realitäten, die nicht nichtexistent sind, auch wenn sie nicht physikalischer Natur sind. So wird ein Regenwurm niemals die Musik vom Villa Lobos verstehen, und das Corona-Virus wird kein Gemälde von Tarsila zu schätzen wissen. Es handelt sich um Realitäten unterschiedlicher Art.

Auch Duns Scotus hat recht, denn, so behauptet er, wenn wir uns auf Gott beziehen, dann denken wir an eine Letzte Wirklichkeit, die alle Grenzen der Physik, des Raumes und der Zeit oder jeder anderen Art der Erkenntnis überschreitet. Er ist der Unnennbare und Unaussprechliche, derjenige, der in keiner Sprache und in keinem Wörterbuch Platz hat.

Gott ist kein Faktum der anfassbaren Wirklichkeit, das erfasst und ausgesagt werden kann. Er ist derjenige, angesichts dessen wir in Ehrfurcht verstummen und in erhabenes Schweigen versinken müssen. Dies ist der wahre Standpunkt des radikalen Denkens, das in der Philosophie und in der Theologie zum Ausdruck kommt, wie sie in den Schriften des Duns Scotus so gut entfaltet werden. Mit Nachdruck bleibt festzuhalten: Er ist das Geheimnis, das jegliche gegebene, messbare oder vom Menschen erfassbare Realität transzendiert.

Klar hat dies der Wiener Philosoph Ludwig Wittgenstein (1889–1951) in seinem berühmten Hauptwerk *Tractatus logico-philosophicus* formuliert:

> Es gibt allerdings Unaussprechliches. Dies *zeigt* sich, es ist das Mystische [...]. Nicht *wie* die Welt ist, ist das Mystische, sondern *dass* sie ist. [...] Wir fühlen, dass selbst, wenn alle *möglichen* wissenschaftlichen Fragen beantwortet sind, unsere Lebensprobleme noch gar nicht berührt sind. [...] Der Sinn der Welt muss außerhalb ihrer liegen. [...] Wovon man nicht sprechen kann, darüber muss man schweigen. (Wittgenstein 1966, §§ 6.44. 6.41. 6521. 7)

Hier klingt der berühmte Satz von Gottfried Wilhelm Leibniz (1646–1716) an: „Warum ist überhaupt etwas und nicht vielmehr nichts?“ Diese Frage kann nicht nach Art anderer Fragen beantwortet werden. Es ist das Geheimnis des Seins angesichts des Nichts. Angesichts des Geheimnisses des Seins muss man eher Staunen und in Ekstase geraten und im Grunde eher schweigen als sprechen, denn alles, was wir sagen könnten, bleibt diesseits des Mysteriums, das unsagbar und unaussprechlich ist. Es ermöglicht es uns allererst, zu staunen, zu sprechen und zu schweigen. Ohne es würden wir nicht existieren und die Fragen stellen, die uns hier beschäftigen.

Doch auch wenn Gott nicht innerhalb des Horizontes der Dinge zu finden ist, so erschließt er sich innerhalb des Horizontes des Sinnes. In diesem Sinne heißt es in einem Tagebucheintrag Wittgensteins vom Juli 1916:

> An einen Gott glauben heißt sehen, dass es mit den Tatsachen der Welt noch nicht abgetan ist. An Gott glauben heißt sehen, dass das Leben einen Sinn hat. (Wittgenstein 1960, 167).

In seinem letzten Interview hat Jean-Paul Sartre nachdenklich abgewogen: „Ich bleibe Atheist. Doch ich habe die hoffende Hoffnung, dass Gott existiert. Andernfalls hätte das Leben keinerlei Sinn.“

Doch kehren wir zu Stephen Hawking zurück: Alle großen Naturwissenschaftler, angefangen von Isaac Newton, der die Mathematik für die Erforschung der Natur einführte, über Einstein und andere bis hin zum genialen Engländer, suchten nach der Formel, die für die gesamte Wirklichkeit gilt. Es war das Bestreben, eine „Theorie von Allem“ (Theory of Everything = TOE) zu finden, die man auch „Theorie der großen Vereinheitlichung“ (Theory of the Great Unification = TGU) nennt.

Es gibt in der Literatur zwei Klassiker, die die Wege und Abwege dieser großen Frage zusammenfassend darstellen: John D. Barrows Buch *Theorien für alles* und Abdus Salams aus Vorlesungen entstandenes Buch *Unification of Fundamental Forces*. Beide kommen zum Schluss, dass dieser Versuch gescheitert ist. Barrow äußert sich skeptisch zu den Grenzen einer rein mathematisch-physikalischen Beschreibung der Welt:

> Natürlich müssen wir mit einem solch gewichtigen Wort wie „alles“ behutsam umgehen. Ist damit wirklich „alles“ gemeint? Die Werke Shakespeares, das Tadsch Mahal, die Mona Lisa? [...] Dies ist ein ganz entscheidender Gesichtspunkt für unsere Art des Nachdenkens über die Natur, denn wir wüssten gern, ob es Dinge gibt, die sich nicht in die Zwangsjacke der mathematisch fassbaren Welt der Naturwissenschaft fesseln lassen. [...] sehen bei genauerem Nachdenken nicht viele Dinge so aus, als ob sie mit Mathematik nicht das Geringste zu tun hätten? [...] Wie können wir dann von „Theorien des Alles“ sprechen und, wenn wir sie mit den Mitteln der Mathematik verfolgen, sicher sein, dass sich der ganze Reichtum nicht verflüchtigt und nichts als Zahlen übrig bleiben? [...] Welche Dinge lassen sich nicht in das „Alles“ eines Physikers einordnen? (Barrow 1992, 14. 263)

Das gesamte Alltagsleben, das die Menschen in ihrem Streben nach Glück und in ihrer Tragik bewegt, hat im physikalischen Begriff von „Alles“ keinen Platz. Zuletzt war es Stephen Hawking, der diese Frage in seinem berühmten Buch *Eine kurze Geschichte der Zeit* präzise auf den Punkt gebracht hat. Nachdem er auf alle mögliche Art eine Antwort versucht hatte, gestand er die Unmöglichkeit einer solchen Theorie ein:

> Wenn wir jedoch eine vollständige Theorie entdecken, dürfte sie nach einer gewissen Zeit in ihren Grundzügen für jedermann verständlich sein, nicht nur für eine Handvoll Spezialisten. Dann werden wir uns alle – Philosophen, Naturwissenschaftler und Laien – mit der Frage auseinandersetzen können, warum es uns und das Universum gibt. Wenn wir die Antwort auf diese Frage fänden, wäre das der endgültige Triumph der menschlichen Vernunft – denn dann würden wir Gottes Plan kennen. (Hawking 1988, 218)

Dieser Gott als Geheimnis bildet den Grund all dessen, was existiert, trägt es, hält es beständig im Sein, doch er entzieht sich stets dem menschlichen Blick. Deshalb heißt es in den heiligen Schriften der Juden und Christen: „Gott wohnt in unzugänglichem Licht, das kein Mensch jemals sah noch sehen kann." (1 Tim 6,16; Ps 104,2; Ex 33,20; Joh 1,18; 1 Joh 4,12)

So muss man tatsächlich den Schluss ziehen: Wenn Gott so existierte, wie die Dinge existieren, dann gibt es ihn nicht. Jenseits der Dinge existiert er auf andere Art wie die Dinge als jener, der alles dem Nichts entriss, um in der geschaffenen Welt außerhalb seiner sein Spiegelbild und gleichsam Gefährten in seiner Liebe zu finden, denn er ist nicht die Einsamkeit des Einen, sondern die Gemeinschaft der göttlichen Personen. Er liegt allem beständig zugrunde, was existiert und existieren kann, und hält es im Dasein.

Gott innerhalb der neuen Auffassung vom Universum

Die Frage nach Gott innerhalb der modernen Weltsicht (Kosmogenese) stellt sich dann, wenn wir wissen wollen: Was gab es vor dem Davor des Davor des Urknalls, in dem alles im Universum seinen Ursprung hat? Wer gab den anfänglichen Impuls, damit dieser winzige Punkt, kleiner als ein Stecknadelkopf, auftauchte, der danach explodierte? Wer erhält das Universum als Ganzes, damit es weiter existiert und sich ausdehnt, wer erhält jede einzelne Seinsform darin, einschließlich des Menschen?

Das Nichts? Doch aus nichts wird niemals etwas. Wenn dennoch Seinsformen in Erscheinung traten, dann ist das ein Zeichen dafür, dass jemand oder etwa sie ins Dasein gerufen hat und sie ständig im Sein hält.

Was wir vernünftigerweise darüber sagen können, ohne gleich eine theologische Antwort parat zu haben, ist: Vor dem Urknall existierte das Unerkennbare und war das Mysterium am Werk. Über das Mysterium und das Unerkennbare kann man per definitionem buchstäblich nichts sagen. Sie liegen ihrem Wesen nach den Worten, der Energie, der Materie, dem Raum, der Zeit und dem Denken voraus.

Nun sind aber das Geheimnis (Mysterium) und das Unerkennbare genau dic Namen, mit denen die Religionen, auch die jüdisch-christliche Tradition, Gott bezeichnen. Vor ihm ist das Schweigen eher angebracht als das Wort. Dennoch kann er von der Ehrfurcht empfindenden Vernunft intuitiv erfasst und vom entbrannten Herzen erspürt werden. Frei nach Blaise Pascal würde ich sagen: An Gott glauben heißt nicht, Gott denken, sondern ihn mit unserem ganzen Sein empfinden. Er tritt als eine Gegenwart in Erscheinung, die das Universum erfüllt, er zeigt sich als Begeisterung in uns (das aus dem Griechischen kommende Wort „Enthusiasmus" bedeutet, einen Gott in sich haben), und lässt in uns das Gefühl der Größe, der Erhabenheit, des Respekts und der Verehrung aufsteigen. Diese Wahrnehmung ist bezeichnend für die Menschen. Sie ist unleugbar vorhanden, wobei es kaum darauf ankommt, ob jemand religiös ist oder nicht.

Als Wesen zwischen Himmel und Erde sehen wir die unzähligen Sterne, halten den Atem an und werden von Ehrfurcht erfasst. Wie von selbst tauchen in uns die Fragen auf: Wer hat all das gemacht? Wer verbirgt sich hinter der Milchstraße und befiehlt die immer noch in Gang befindliche Ausdehnung des Universums? An unseren Schreibtischen in klimatisierten Räumen, zwischen den weißen Wänden eines Hörsaals oder in einer lockeren Gesprächsrunde können wir alles sagen und an allem zweifeln. Doch inmitten der Komplexität der Natur und durchdrungen von ihrer Schönheit können wir nur schweigen. Es ist nicht möglich, sich nicht am Anbruch der Morgenröte zu ergötzen, gleichgültig zu bleiben angesichts des Aufblühens einer Blume oder nicht ins Staunen zu geraten angesichts eines neugeborenen Kindes. Es überzeugt uns davon: Solange noch ein Kind geboren wird, glaubt Gott noch an die Menschheit. Fast spontan sagen wir: Gott war es, der alles in Gang setzte und alles im Sein hält. Er ist die Ursprungsquelle und der nährende Abgrund von allem, wie es einige Kosmologen formulieren. Ich würde sagen: Er ist jenes Sein, das alles Seiende im Sein hält.

Eine andere wichtige Frage erhebt sich zugleich: Warum gibt es genau dieses Universum und kein anderes, und warum befinden wir uns darin? Was wollte Gott mit der Schöpfung zum Ausdruck bringen? Darauf eine Antwort zu geben ist nicht nur das Anliegen eines religiösen Bewusstseins, sondern der Wissenschaft selbst.

Als anschauliches Beispiel dient uns der bereits erwähnte Stephen Hawking, der in seinem Buch *Eine kurze Geschichte der Zeit* folgendes anmerkt:

> Wenn wir die Antwort auf diese Frage fänden, wäre das der endgültige Triumph der menschlichen Vernunft – denn dann würden wir Gottes Plan kennen. (Hawking 1988, 238)

Bis heute stellen sich die Wissenschaftler und Weisen diese Frage und versuchen, den verborgenen Ratschluss Gottes zu ergründen.

Die Religionen und so auch die jüdisch-christliche Tradition wagten eine Antwort, indem sie dem Geheimnis tausend Namen gaben, die alle unzulänglich sind: Jahwe, Allah, Tao, Olorum und vor allem Gott.

Das Universum und die gesamte Schöpfung stellen so etwas wie einen Spiegel dar, in dem sich Gott selbst anschaut. Sie sind das Ausströmen seiner Liebe, denn er wollte Gefährten an seiner Seite. Er ist nicht Einsamkeit, sondern Gemeinschaft der göttlichen Drei – Vater, Sohn und Heiliger Geist – und will die gesamte Natur und den nach seinem Bild und Ebenbild geschaffenen Menschen darin einbeziehen.

Damit kommt unser ermüdendes Fragen vorläufig zur Ruhe. Doch angesichts des Geheimnisses Gottes und aller Dinge fragen wir weiter und sind stets offen für neue Antworten.

Wie lässt sich die unendliche Sehnsucht nach Gott stillen?

Das brasilianische Wort *saudade* lässt sich nur schwer in andere Sprachen übersetzen. Es ist nichts, das man definieren könnte, man lebt und erleidet es vielmehr. Wenn ich es zu beschreiben versuche, dann etwa so: Es ist eine zarte Melancholie, eine Mischung von sanftem Schmerz aufgrund von etwas Gutem, was man erlebt hat, was aber nicht mehr wiederkehrt, das aber als süße Erinnerung wieder ins Gedächtnis gelangt. Das kann der erste Kuss des geliebten Menschen sein, ein tiefer Blick einer Frau, die auf einem Bahnsteig einen Mann traf, dessen ebenfalls intensiver Blick eine unmittelbare Verliebtheit offenbart. Der Zug fuhr ab, und er ist ihr nie mehr wiederbegegnet. Doch dieser gegenseitige Blick, der bis in die Tiefe der Seele reichte, kann nie mehr vergessen werden. Sehnsucht – so die unzulängliche Übersetzung ins Deutsche – ist die Erfahrung, in höchster Konzentration ganz vom Sein Gottes erfasst worden und hingerissen zu sein, ohne den eigenen Körper zu spüren. Diese Sehnsucht ist schmerzlich, wenn man die ihr zugrunde liegende Erfahrung nicht wiederherstellen kann. Es bleibt lediglich die unendliche Sehnsucht nach höchster Seligkeit zurück. Die Sehnsucht lässt das Vergangene nicht vergangen sein. Auch wenn es abwesend ist, vergegenwärtigt sie es, wenn auch in unsichtbarer Weise.

Auf unserer Pilgerreise durch das Leben hinterlässt alles, was schön, erfüllend, eindrucksvoll und tief ist und uns berührt, eine Spur der Sehnsucht. Ein krebskrankes Kind hat einmal treffend gesagt: *Sehnsucht ist die Liebe, die bleibt, wenn alles bereits vorbei ist.*

Die spätmoderne gebildete Gesellschaft stopfte die Geldelite mit materiellen Gütern voll und fütterte sie mit leeren Versprechungen vom Glück. Wie kann jemand mitten in einem Ozean von Armen, Hungernden und im Elend Lebenden, wie sie die Mehrheit der

Menschheit ausmachen, glücklich sein? Um diesen Widerspruch zu überdecken, zimmerten die neupfingstlerischen Kirchen ein falsches Evangelium des Wohlstands zusammen. Und für diese neopfingstlerischen Kirchen geben viele dieser Armen noch ihre Zeit, ihren Enthusiasmus und den Pastoren ihr sauer verdientes Geld. Diese Pastoren sind wahre Wölfe im Schafspelz.

Der Markt hält diese Reichen bewusst mit Tausenden von Konsumangeboten, mit Reisen, mit neuen Erfahrungen bei Laune, die es ihnen schwer machen, sich selbst zu finden. Man lebt, als ob es Gott nicht gäbe oder als ob er vom Horizont des Daseins ausgelöscht worden wäre.

Doch nicht alles im Menschen ist manipulierbar. Er birgt in sich Geheimnisse, undurchdringbare Winkel, in denen alte Erinnerungen und Archetypen schlummern. Von dort kann eine ganz besondere Sehnsucht nach etwas aufsteigen, das über die materiellen Güter hinausgeht. Diese können den physischen Hunger stillen, aber einen anderen Hunger stillen sie nicht, nämlich den nach nicht materiellen Gütern wie der bedingungslosen Liebe, dem Mitleid, mit dem Leidenden, der Schönheit und der Musik, nach etwas, was dem Leben seinen vollen Sinn verleiht. Mit anderen Worten: Wir haben es hier mit der Sehnsucht nach Gott zu tun. Er würde der Gesellschaft Zusammenhalt verleihen und dem Menschlichen Dasein zu einem Boden unter den Füßen verhelfen.

Aus sehr komplexen Gründen, die hier nicht analysiert werden können, trat ab dem 17. und 18. Jahrhundert der neue Mensch der Moderne in Erscheinung. Er hat Gott verabschiedet. Er präsentierte sich selbst als *deus minor in terra*, ein kleiner Gott auf Erden. Seine Grunderfahrung war die des Willens zur Macht, der im Sinne von Herrschaft über andere, über die Frau, über die Völker, über die Natur, über das Leben bis hin zum Weltraum ausgeübten Macht.

Er stellte sich selbst so viele Aufgaben für die Neugestaltung der Welt, dass er sich plötzlich dessen bewusst wurde, dass er sie nicht mehr erfüllen kann. Der kleine Gott schuf den „Gotteskomplex“. Er hat keine Kraft mehr, er fühlt sich schwach, ohnmächtig, verängstigt angesichts seiner selbst, denn er hat eine Todesmaschinerie hervorgebracht, die ihm in vielfacher Weise ein Ende bereiten kann. Er brach Kriege vom Zaun, die allein im 20. Jahrhundert 100 Millionen Menschen töteten. Er verwüstete die Natur, die sich nun mithilfe eines Virus, mit der Veränderung des Klimas, das heißer wird, mit Taifunen, Erdbeben, Tsunamis, einem Anstieg des Meeresspiegels, der Knappheit von Gütern und Kapazitäten, ohne die das Leben nicht aufrechterhalten werden kann, gegen ihn wendet.

Da macht sich das bemerkbar, was in jenem verborgenen Winkel seines Inneren vorhanden ist: die „Sehnsucht nach Gott". Auf die Bezeichnung „Gott" kommt es nicht an, sondern auf das, wofür sie steht: jene machtvolle und liebevolle Energie, die alles im Sein hält und die deshalb lebendig und intelligent sein muss, jener unzweifelhafte Wert, lebendig und mit Strahlkraft, der dem Verhalten der Menschen Orientierung verleiht und die Kräfte des Negativen unter Kontrolle hält.

Das Mantra der Kultur der Aufklärung ist ein Betrug: Wir verkünden den Tod Gottes, weil wir ihn getötet haben. Und wir haben ihn getötet, um seinen Platz einzunehmen und selbst der Übermensch zu sein, der sich zum „kleinen Gott" gemacht hat, der jenseits von Gut und Böse lebt. Er entscheidet alles. Mehr als zwei Jahrhunderte lang hat er dieses Projekt verfolgt und ist gescheitert. Er unterlag dem Gewicht der Aufgaben, die er sich selbst gestellt hatte. Nun irrt er umher, wie es ein Mystiker bereits angesprochen hat: Der Feind der Sonne stieg auf ein Dach, schloss die Augen und rief allen zu: „Es gibt keine Sonne mehr. Die Sonne ist gestorben, denn ich habe sie getötet."

Was er nicht weiß: Dass er die Sonne nicht mehr sieht, ist nicht die Schuld der Sonne, sondern die seiner geschlossenen Augen. Die Sonne wird immer da sein und scheinen, denn dies macht ihr Wesen aus. Vielleicht tritt eine Sonnenfinsternis ein. Und das verstärkt die Sehnsucht nach Gott noch, die Sehnsucht danach, dass er endlich die Wolke der menschlichen Überheblichkeit durchbricht und demütig von allen angenommen wird.

Diese Sehnsucht nach Gott ist nicht in der unerschöpflichen Erinnerung aller Völker vorhanden, die die Beschneidung der Moderne nicht durchgemacht haben. Niemals ist ihnen die absurde Anmaßung in den Sinn gekommen, Gott zu töten. Und schon gar nicht bildeten sie sich ein, „der kleine Gott" zu sein, der alles und alle beherrscht, denn sie wissen in ihrer Plackerei, dass sie die Sonne, den Regen, die Winde, das Wachstum der Pflanzen und so viele andere Dinge nicht unter Kontrolle haben. Sie stillen die Sehnsucht nach Gott, indem sie ihn in ihrer täglichen Arbeit, im von Liebe erfüllten Zusammenleben mit der Familie, im täglichen Kampf um das Nötige zum Leben spüren. Sie müssen nicht an Gott glauben, denn sie spüren und erleben ihn leibhaftig auf ihrer Haut, im Geist, im Leid und in der einfachen Freude am Leben.

Sie sind die Hüter des heiligen Gedächtnisses Gottes, der tausend Namen hat (Tao, Shiva, Olorum, Tupa, Jahwe, Allah). Sie sind die Propheten und Lehrer der Kinder der Spätmoderne, der sogenannten Postmodernen (die für mich die Dekadenz der Moderne repräsentieren), sie sind fähig, ihre Wurzeln zu bewässern, damit sie wieder ergrünen und die traurige Einsamkeit überwinden, die sie verschlingt. Es genügt, wenn sie diesen namenlosen Lehrern begegnen und zuhören. Dann werden auch sie „die Sehnsucht nach Gott stillen". Wie sehr sehnen wir uns nach einem Gott, der menschlich, solidarisch mit unserem Schicksal und wahrhaftig ist.

Gott und das menschliche Leid: ein niemals gelöstes Rätsel

Die ökologischen Katastrophen der Jahre 2021 und 2022 mit sintflutartigen Regenfällen, riesigen Erdrutschen, Überschwemmungen ganzer Regionen, der Zerstörung von Hunderten von Häusern, Wegen und Straßen und einer großen Zahl von Toten und Vermissten werfen politische und ökologische Fragen nach der Verantwortung der Amtsträger und den Konsequenzen angesichts der neuen Phase beschleunigter Erwärmung, in der sich die Erde befindet, auf.

Wir haben es immer mit der Verantwortungslosigkeit von öffentlichen Stellen zu tun, die sich nicht um die arme Bevölkerung kümmern, die an den Hängen der Städte oder an Flussufern zusammengedrängt wohnt. Es gibt die geografische Situation der Gebirgsketten mit dichten Wäldern auf felsigem oder vom Regen aufgeweichtem Grund, der Erdrutsche verursacht. Und die Bevölkerung selbst lässt sich auf gefährlichen Plätzen nieder, weil sie sonst nicht weiß, wo sie eine Bleibe findet. Und wir leben in einem ökologisch-klimatischen Notstand, der den Rhythmus der Regenfälle aus dem Gleichgewicht bringt, was sich in verschiedenen Regionen auf dem gesamten Planeten zeigte. Und es gibt noch andere Ursachen, die hier nicht weiter ausgeführt werden können. All diese Fakten müssten tiefer ergründet und es müssten letztlich Schuldige benannt werden.

Doch zugleich stellt sich eine unausweichliche existenzielle und theologische Frage: Viele fragen sich: Wo war Gott in diesen dramatischen Augenblicken, die so viele zu einem guten Teil unschuldige Opfer gefordert haben? Warum hat er nicht eingegriffen, wenn er dies, da er ja Gott ist, tun hätte können? Dieselbe Frage kehrt unaufhörlich wieder: Wo war Gott, als die christlichen Kolonisatoren barbarische Genozide an den ursprünglichen Völkern verübten, als sie die Länder Amerikas besetzten? Warum schwieg Gott angesichts der Shoah, der Auslöschung von sechs Millionen Juden, die von den Nazis in die Gaskammern geschickt wurden, oder angesichts der Opfer des Gulag, des Lagersystems in der Sowjetunion? Wo war er?

Diese bohrende Frage stellt sich nicht erst seit heute. Sie hat eine lange Geschichte. Der griechische Philosoph Epikur (341–327 v. Chr.) hat sie als Erster formuliert. Seine Überlegungen sind als das *Dilemma des Epikur* bekannt geworden: Er thematisiert das Verhältnis Gottes zum Übel in unübertroffener Weise und argumentiert folgendermaßen: Entweder will Gott das Übel austilgen und kann es nicht. Dann ist er nicht allmächtig und nicht länger Gott. Oder er kann das Übel verhindern und tut es nicht. Dann ist er nicht gut und ebenfalls nicht länger Gott.

Im christlichen Umfeld kam es zu einer ähnlichen Auffassung: Entweder hätte Gott die Sünde Adams und Evas, die Grundlage unserer Bosheit, verhindern können und wollte dies nicht. Dann ist er nicht gut zu uns Menschen. Oder Gott konnte dies nicht und wollte dies deshalb nicht, dann aber ist er nicht allmächtig und deshalb auch nicht gut für uns. In beiden Fällen tritt er nicht mehr als der wahre Gott in Erscheinung. Dieses Dilemma ist bis heute nicht aufgelöst und konnte mit den Mitteln der menschlichen Vernunft nicht zufriedenstellend beantwortet werden.

Die Ökofeministinnen behaupten mit Recht, dass diese Auffassung von einem allmächtigen Gott und absoluten Herrn eine Vorstellung der patriarchalischen Kultur ist, deren Struktur von den Kategorien der Macht zentral bestimmt ist. Die ökofeministische Lesart orientiert sich an einer anderen Vorstellung, nämlich der von Gott als Mutter, die mit dem Leben verbunden, solidarisch mit dem Menschlichen Leid und zutiefst barmherzig ist. Dieser Gott ist immer beim Leidenden.

Unabhängig von dieser Diskussion um das Geschlecht muss man sagen, dass der biblische Gott nicht gleichgültig gegenüber dem menschlichen Leid ist. Angesichts der Unterdrückung des ganzen hebräischen Volkes in Ägypten hörte Gott den Schrei der Unterdrückten, ließ seine Transzendenz hinter sich und begab sich in die Geschichte der Menschen hinein, um sie zu befreien (Ex 3,7). Die Propheten, die eine Religion auf der Grundlage der Ethik anstelle von Kult und Opfer auf den Weg brachten, bezeugen das Wort Gottes: „Ich bin eurer Feste überdrüssig und ertrage sie nicht mehr ... sucht das Recht, schreitet ein gegen den Unterdrücker, verhelft den Waisen zu einem gerechten Urteil und verteidigt die Witwen." (Jes 1,14. 17) Barmherzigkeit will ich, und nicht Opfer!

Auf der Grundlage dieser biblischen Auffassung sprachen Theologen wie Dietrich Bonhoeffer und Jürgen Moltmann von einem "ohnmächtigen Gott", von einem "in der Welt schwachen" oder einem "gekreuzigten Gott" und meinten, nur dieser Gott, der das menschliche Leid auf sich nimmt, kann uns helfen. Das größte Beispiel hiervon hätte uns Jesus, der menschgewordene Sohn Gottes selbst, gegeben, der sich kreuzigen ließ und der am äußersten Rand der Verzweiflung schrie: „Mein Gott, mein Gott, warum hast du mich verlassen?“ (Mk 15,34)

Diese Sichtweise macht uns deutlich, dass Gott uns niemals verlässt und dass er am menschlichen Leid selbst teilhat. Der Gläubige kann das Gefühl der Verlassenheit und Verzweiflung überwinden und spüren, dass jemand bei ihm ist. Denn das Schreckliche am Leid ist nicht nur das Leid als solches, sondern die Einsamkeit im Leid, wenn es niemanden gibt, der einem ein Wort des Trostes zuspricht und einen solidarisch in die Arme schließt. Das Leid verschwindet aufgrund dieses Beistands nicht, aber es wird leichter erträglich.

Dennoch bleibt die Frage unbeantwortet: Warum muss Gott auch leiden, obwohl er ein zutiefst menschliches Band zum Leidenden knüpft und dessen Schmerz leichter erträglich macht? Warum gibt es das Leid in der Welt und sogar in Gott?

Unser Fragen lässt sich nicht durch die Feststellung zum Verstummen bringen, dass das Leid eben zum Leben gehört und dass das Chaos der Struktur des Universums selbst eingeschrieben ist, wo eine Galaxie die andere verschlingt, wobei es zu einer unvorstellbaren Zerstörung von Himmelskörpern kommt.

Was wir vernünftigerweise sagen können, ist, dass das Leid zur Ordnung des Geheimnisses des Seins gehört. Es gibt keine Antwort darauf, „warum“ es da ist. Wenn es eine solche gäbe, würde das Leid verschwinden. Doch das Leid bleibt eine offene Wunde, wohin wir unseren Blick auch wenden.

Vielleicht scheint im Kampf um die Überwindung des Leids ein Sinn auf: leiden, damit andere nicht oder weniger leiden. Dieses Leid ist würdig und verhilft uns dazu, mehr Mensch zu sein. Doch es bleibt dennoch Leid. Deshalb solidarisieren wir uns mit denen, die Angehörige und ihnen nahestehende Menschen verloren haben, leiden mit ihnen und beten für die Opfer.

Es ist ein Akt der Vernunft, anzuerkennen, dass die Vernunft nicht alles ist und dass es etwas gibt, was die Vernunft übersteigt. Sie neigt sich vor etwas Größerem, vor dem Geheimnis, und sie muss sich eingestehen, dass das Leid da ist, zu Tragödien und dem Tod unschuldiger Menschen führt. Darauf gibt es keine Antwort. Eine solche bleibt Gott vorbehalten, jenem Sein, das alle im Sein hält. Ihm obliegt die endgültige Offenbarung des Sinnes des Sinnlosen.

Priestertum der Frau?

Die Dimension des Weiblichen ist kein Exklusivbesitz der Frauen, denn sowohl Männer wie Frauen tragen jeweils auf ihre je eigene Weise das Maskuline und das Feminine in sich. In seiner *Summa theologiae* stellt Thomas von Aquin bereits in der ersten *quaestio*, in der es um den Gegenstand der Theologie geht, klar, dass diese alles zum Thema haben kann, soweit sie es im Lichte Gottes erörtert. Andernfalls würde sie ihre Relevanz einbüßen. So kann man innerhalb der Theologie nach der Richtigkeit einer bestimmten politischen Ökonomie, nach der Bedeutung der Technik, homosexueller Beziehungen und beliebige andere Themen fragen, solange man dies im Licht Gottes tut. In der gleichen Weise stellen wir uns im Lichte des Offenbarungswortes die Frage nach dem Priestertum der Frau, dessen Legitimität von der römisch-katholischen Kirche bestritten wird. Und wir werden gute theologische Gründe entdecken, die für dessen Angemessenheit eine Gewähr darstellen.

Das sogenannte *depositum fidei*, der „Glaubensschatz“ (ein späterer Begriff der Theologie), das heißt die Positivität des christlichen Glaubens, ist keine Zisterne, gefüllt mit totem Wasser, sondern eine Quelle lebendigen Wassers. Dieser Glaubensschatz wird immer von Neuem lebendig, wenn er mit den fortdauernden Veränderungen der Geschichte konfrontiert ist, wie dies jüngst bei der Synode für Amazonien der Fall war. Dies trifft auch auf die Frage der Angemessenheit des Priestertums der Frau zu.

In der ganzen Welt kann man immer mehr beobachten, dass die Gleichstellung der Frau bekräftigt wird, die in Würde und

Rechten dem Mann ebenbürtig ist. Verständlicherweise ist es nicht leicht, das Jahrhunderte währende Patriarchat abzubauen, das die Herabwürdigung und Verdrängung der Frau bedeutete. Doch langsam und in konsequent aufeinander folgenden Schritten werden die Diskriminierungen überwunden und in manchen Fällen sogar unter Strafe gestellt. Praktisch stehen den Frauen alle öffentlichen Räume und die unterschiedlichsten Funktionen offen. Gilt dies auch für das Priestertum der Frau innerhalb der römisch-katholischen Kirche? In den evangelischen Kirchen, in der anglikanischen Kirche und auch im Judentum wurden die Frauen zu Ämtern zugelassen, die vorher den Männern vorbehalten waren.

Die römisch-katholische Kirche hat sich bis vor Kurzem auf der Ebene ihrer höchsten offiziellen Entscheidungsträger geweigert, die Frage überhaupt zu stellen. Sie blieb nach wie vor in Geiselhaft der patriarchalischen Kultur. Doch sie kann in einer Welt, die sich zum Reichtum der Beziehung zwischen Mann und Frau hin bewegt, nicht die Bastion des Konservatismus und Antifeminismus werden. Papst Franziskus kommt das Verdienst zu, die hartnäckigen Fragen der Welt von Heute wie die Frage der Ehemoral und die Frage nach dem Umgang mit Homosexuellen und anderen Minderheiten zu stellen.

René A. van Eyden stellte bereits in den Sechzigerjahren des vorigen Jahrhunderts fest:

> Das Wohl des Mannes und das der Frau sind derart korrelativ, so interdependent, dass es sowohl der Frau als auch dem Mann schadet, wenn es ihr – der Frau – in einer bestimmten Gemeinschaft nicht gestattet wird, ihre Möglichkeiten zu entfalten. Deshalb wäre es eine Verarmung im Leben der Kirche, wenn die Fähigkeiten der Frau, die ihr zum Wohl aller verliehen wurden, keine angemessene Entfaltung finden. (van Eyden 196, 351)

Die minutiöse Forschung von Theologen und Theologinnen von höchstem Ansehen hat gezeigt, dass es kein dogmatisches Hindernis für den Zugang der Frauen zum Priesteramt gibt.

Zunächst muss daran erinnert werden, dass es in der Kirche nur ein einziges Priestertum gibt, nämlich das Priestertum Christi. Diejenigen, die die Bezeichnung „Priester“ für sich in Anspruch nehmen, sind lediglich Darstellungen und Repräsentanten des einzigen Priestertums Christi. Ihre Funktion kann nicht, wie es die offizielle Argumentation will, auf die Vollmacht zur Konsekration reduziert werden. Das gesamte Leben Christi ist priesterlich, das heißt es stellte sich als ein Sein-für-andere dar. Er verteidigte die am meisten Verwundbaren, auch die Frauen, er predigte die Geschwisterlichkeit, die Versöhnung, die bedingungslose Liebe und Vergebung. Nicht erst beim Letzten Abendmahl zeigte er sich als Priester, sondern in seinem ganzen Leben.

Die Rolle des priesterlichen Dienstamtes besteht nicht darin, alle Dienste an sich zu ziehen, sondern sie so zu koordinieren, olass alle der Gemeinde nützen. Aufgrund der Tatsache, dass er der Gemeinde vorsteht, steht er auch der Eucharistiefeier vor. Dieser Dienst (den der heilige Paulus als eines der vielen „Charismen“ benennt) kann sehr wohl von Frauen ausgeübt werden, wie man an den nicht-römisch-katholischen Kirchen sieht.

Und es gäbe wahrlich gute Gründe, die die Basis eines solchen Dienstes bilden.

Die erste göttliche Person, die in die Welt kam, war der Heilige Geist, den Maria aufnahm (vgl. Lk 1,35), damit er in ihrem Schoß die zweite göttliche Person, den Sohn, Jesus Christus zeuge.

Nicht nur Apostel und Jünger folgten Jesus nach, sondern auch viele Frauen. Sie haben Jesus niemals verraten, was man von den Aposteln, insbesondere dem wichtigsten unter ihnen, Petrus, nicht gerade behaupten kann (vgl. Mt 26,56; Mk 14,50). Nach der Gefangennahme und Kreuzigung ergriffen alle die Flucht. Die Frauen aber harrten am Fuß des Kreuzes aus (vgl. Lk 23,49; Mk 15,40–41; Mt 27,55–56).

Die Frauen waren es, die als Erste zum Grab gingen, um Jesu Leichnam zu salben. Das größte Ereignis des christlichen Glaubens, die Auferstehung Jesu, wurde zuerst von einer Frau, nämlich Maria Magdalena, bezeugt. Der heilige Bernhard konnte deshalb sogar sagen, sie sei die *apostola apostolorum*, die Apostolin der Apostel.

Wenn eine Frau – Maria – Jesus, ihren Sohn, zur Welt bringen kann, wie könnte sie ihn da nicht innerhalb der Gemeinde sakramental repräsentieren? Hier liegt ein unerträglicher Widerspruch vor, der nur innerhalb des Bezugsfeldes einer patriarchalischen, maskulinen Kirche begreiflich wird, deren Gremien der Leitung und der Glaubensvermittlung sich aus Zölibatären zusammensetzt.

Natürlich kann das Priestertum der Frau nicht einfach die Verdoppelung des männlichen Priestertums sein. Dies würde einen Irrweg darstellen. Es muss vielmehr ein Priestertum eigener Art sein, geprägt von der Seinsweise der Frau mit allem, was deren Weiblichkeit auf ontologischer, psychologischer, soziologischer und biologischer Ebene ausmacht. Die Frau wäre nicht einfach der Ersatz für den männlichen Priester. Sie wäre Priesterin auf ihre eigene Art.

Es wird die Zeit kommen, da die römisch-katholische Kirche mit der weltweiten feministischen Bewegung und mit der Welt überhaupt Schritt hält und sich in Richtung einer Integration von *animus* und *anima* hin bewegt, welche das Menschsein und die Kirche gleichermaßen bereichert. Ich trete also für das Priestertum der Frauen innerhalb der römisch-katholischen Kirche ein – von Frauen, die von ihren Glaubensgemeinschaften auserwählt und durch sie und ihr Theologiestudium entsprechend vorbereitet werden.

Laien, die der Feier der Eucharistie vorstehen?

Am 18. Juni 2019 brachte Papst Franziskus im Gedenken an die Synode für Amazonien seinen Willen zum Ausdruck, Verheiratete zu Priestern zu weihen, insbesondere Indigene für die weit abgelegenen Gebiete im Amazonasbecken. Dies wäre ein Priester mit indigenem Antlitz, der sich sicherlich vom traditionellen Priesterbild unterscheidet.

An Orten, die von keinem Priester betreut werden, standen Leiter von Basisgemeinden bereits den Abendmahlsfeiern vor. Mit Bedacht vermeidet man es dabei, von „Messe“ zu sprechen, denn dieser Ausdruck weist eine juridisch-kirchenrechtliche Dimension auf. Man nennt das lieber im Anschluss an die Texte des heiligen Paulus in seinem ersten Korintherbrief „Herrenmahl“ (1 Kor 11,23–24). Sie sind nicht geweiht, aber keiner wird sagen, dass Christus hier nicht im Wort, in der Gemeinde und in ihrer Feier, in der die materiellen Elemente benutzt werden, die würdig und für diese Region typisch sind, gegenwärtig ist.

Es geht hier nicht nur um eine innerkatholische, sondern um eine ökumenische Frage. Die Kirchen, die aus der Reformation hervorgegangen sind, feiern in ihren Gemeinden das Herrenmahl durch Pastoren, die vom Rat und der Gemeinde approbiert und offiziell in den heiligen Dienst eingeführt, ordiniert, sind. Man kann also nicht sagen, dass sie ihr Amt durch ein Weihesakrament empfangen hätten. Welchen Wert haben diese Feiern? Ist hier wirklich Christus in den Gestalten von Brot und Wein gegenwärtig?

Ich will auf beide Fragen eine bejahende Antwort zu geben versuchen, die sich auf eine breite Basis von historischen und theologischen Dokumenten stützen kann. Ich kann sie hier nicht alle anführen. Sie sind in meinem Buch *Die Kirche neu erfinden* aufzufinden (Boff 2011, 185–217).

Die grundlegende, vom Zweiten Vatikanischen Konzil formulierte Aussage lautet, „dass die Feier des eucharistischen Opfers Mitte und Höhepunkt des ganzen Lebens der christlichen Gemeinde ist“ (*Christus Dominus*, 30). Die Gläubigen sehnen sich nach der Eucharistie. Kann man sie ihnen deshalb verweigern, weil sie in ihrer Mitte keinen geweihten Amtsträger haben? Die Leiter von Basisgemeinden tun alles, was auch ein Geweihter macht. Warum sollte er nicht auch konsekrieren können? Das Normale wäre es, dass sie geweiht würden. Doch sie sind es nicht, weil sie nicht zölibatär leben.

Die historische Forschung, die zu diesem Thema schon sehr gründlich gearbeitet hat, kommt zum Schluss, dass es zwei Phasen gegeben habe:

Im ersten Jahrtausend der Geschichte des Christentums lautete das Grundgesetz: Wer der Gemeinde vorsteht, der steht auch der Eucharistie vor. Das konnte ein Bischof, ein Presbyter, ein Prophet, ein Lehrer, ein Bekenner oder ein einfacher von der Gemeinde gebilligter Gemeindeleiter sein. Es wäre undenkbar gewesen, dass eine Gemeinde keine Eucharistie gefeiert hätte, weil kein Bischof oder Priester da war. Es kam dann der Gemeindeleiter ins Spiel, wie es auch in unseren Kirchlichen Basisgemeinden der Fall ist. Es gab diesen Zusammenhang zwischen dem Gemeindeleiter und der Eucharistiefeier.

Im zweiten Jahrtausend kam es zu einer Kehrtwende. Die Auseinandersetzungen zwischen dem Imperium und dem Sacerdotium verschoben den Schwerpunkt des Themas von der Gemeinde hin zur *sacra potestas*, zu heiligen Gewalt. Die Päpste beanspruchten für sich die heilige Gewalt, die über der des Kaisers stand. Diese heilige Gewalt wurde mittels des Weihesakraments übertragen. Nun ging es vornehmlich um den Unterschied zwischen dem, der die heilige Gewalt innehat, und dem, der nicht mit ihr ausgestattet ist. Nur wer geweiht ist, hat die Gewalt zu konsekrieren. Der Laie war davon ausgeschlossen, auch wenn er ein Gemeindeleiter war. Nun gibt es den Laienstand und den Priesterstand: zwei Körperschaften in ein und demselben Leib der Kirche.

Es taucht nun ein Widerspruch auf: Der herrschenden Lehre zufolge kann ein Priester allein zelebrieren, ohne die Gemeinde. Diese Situation ist befremdlich und scheint das nötige Gleichgewicht zwischen den Lehrinhalten nicht einzuhalten.

Um dieses Gleichgewicht wiederzuerlangen, ist es wichtig und erhellend, zur älteren Tradition zurückzukehren: Wer der Gemeinde vorsteht, ob nun Priester oder Laie, steht auch der Eucharistiefeier vor.

Was die Eucharistiefeiern der nicht-römisch-katholischen Kirchen betrifft, so geht man von der Tatsache aus, dass hier das Herrenmahl von Amtsträgern gefeiert wird, die von den jeweiligen Gemeinden als solche akzeptiert wurden. Die Gültigkeit diese Feier hängt also nicht vom Sakrament der Weihe durch Handauflegung des Bischofs auf den katholischen Laien ab, der dadurch zum Priester mit der Gewalt zu konsekrieren würde.

Für die evangelischen Christen leitet sich die Vollmacht zu zelebrieren vom Glauben und von der Treue zur apostolischen Lehre über die Realpräsenz des Herrn in der Feier des heiligen Abendmahls ab. Wenn das zutrifft, dann ist auch die eucharistische Gegenwart Christi gegeben.

Dasselbe können wir über die Feiern in den Kirchlichen Basisgemeinden sagen. Der apostolische Glaube an die Realpräsenz Christi in den vom Gemeindeleiter oder einer Gruppe solcher Leiter gesegneten Gestalten von Brot und Wein übermittelt die Vollmacht zu konsekrieren. Christus wäre hier gegenwärtig.

Ein anderer Verstehensansatz ist mit dem Wert der Taufe gegeben, wenn diese in ihrer unversehrten Ganzheit aufgefasst wird. Es ist die gemeinsame Lehre, dass die Taufe das Eintrittstor zu allen Sakramenten ist und keimhaft alle übrigen Sakramente in sich enthält.

Durch die Taufe haben alle Gläubigen am einzigen wirklich gültigen Priestertum, dem Priestertum Christi, teil. Das Weihesakrament ist nicht das Sakrament des Bischofs oder des Priesters. Es ist das Sakrament der Kirche als Gemeinschaft der Gläubigen. Wenn jemand das Weihesakrament empfangen hat, dann geschieht dies für den Dienst der Gemeinde, ihre Koordinierung und spirituelle Leitung. Es gibt kein striktes Gegenüber: auf der einen Seite der Gläubige, dem das allgemeine Priestertum eignet, ohne jegliche sakramentale Vollmacht, und auf der anderen Seite der geweihte Priester, ausgestattet mit allen sakramentalen Gewalten.

Was es gibt, ist eine Gemeinschaft, die insgesamt priesterlich und prophetisch ist und in der es besondere Funktionen gibt, ohne dass die eine die andere schmälert: eine Funktion, zu konsekrieren und zu leiten, eine andere, die Heilige Schrift auszulegen, die Verantwortung für den Gesang zu übernehmen, Kranke zu besuchen, usw.

Darüber hinaus ist es allgemein anerkannte Lehre, dass es nach dem Priestertum Christi kein anderes Priestertum eigenen Rechts geben kann. Deshalb ist es Christus, der konsekriert. Der Priester konsekriert nicht. Er hat die Vollmacht, den unsichtbaren Christus, der konsekriert, für die Gemeinde zu repräsentieren und sichtbar zu machen.

In einer gut organisierten Gemeinde gibt es den Priester oder den Pastor, der diese Funktion innehat. Doch wenn ein solcher ohne Schuld der Gemeinde fehlt, kann der von der Gemeinde ernannte Leiter diese Rolle der Repräsentation Christi übernehmen. Er tut dies in Gemeinschaft mit der Kirche in einer Art *supplet Ecclesia.* Diese Situation gibt es heute oft genug, und deshalb ist es so wichtig, die Gültigkeit der Feiern von Gemeindeleitern, die Laien sind, anzuerkennen, ohne dabei eine parallele Ordnung neben der offiziellen im Sinn zu haben, sondern im Gedanken daran, was die Kirche machen würde, stünde hier die geweihte Person.

Auf diese Weise bewahren wir die dogmatische Ausgewogenheit, und der Zusammenhang zwischen dem (geweihten oder nicht geweihten) Diener der Eucharistie und der Gemeinde, die das gottgegebene Recht hat, den Leib und das Blut Christi zu empfangen, ist aufrechterhalten.

Ostern leben inmitten der Krisen?

Die Menschheit wird von zahlreichen Krisen heimgesucht: der Wirtschaftskrise, die große Banken in den Ländern des Zentrums in den Abgrund stürzt; der politischen Krise des weltweiten Erfolgs rechter und extrem rechter Regierungen; der Krise der Demokratien in fast allen Ländern; der Krise des Staates, der immer bürokratischer wird; der Krise des weltweit durchgesetzten Kapitalismus, der die Probleme, die er selbst geschaffen hat, nicht lösen kann, die Anhäufung von Reichtum in den Händen einiger weniger inmitten eines Ozeans von Armut und Elend bewirkt; der Krise der Ethik, denn nun zählen nicht länger die Werte der großen Tradition der Menschheit, der Wahrheit, der Liebe, der Solidarität und der Ehrfurcht, sondern die postmoderne Beliebigkeit, das „anything goes"; der Krise des Humanismus, denn es dominieren Hass und Barbarei in den gesellschaftlichen Beziehungen; der Krise des Gesundheitssystems, die einigen Millionen Menschen den Tod durch ein Virus brachte, das nur den Menschen betraf; der Krise der Zivilisation, die die sogenannte Künstliche Intelligenz einzuführen begann, die autonom agiert, Milliarden von Algorithmen miteinander verknüpft und unabhängig vom Menschen Entscheidungen trifft, die die Demokratie, ja sogar unsere gemeinsame Zukunft aufs Spiel setzen; der ökologischen Krise, die uns, wenn wir uns nicht um die Biosphäre kümmern, ein tragisches Endspiel des Systems Leben und des Systems Erde bescheren kann.

Hinter all diesen Krisen verbirgt sich eine noch größere Krise; die Krise des Geistes (vom lateinischen Wort für Geist, *spiritus*, leitet sich das Wort Spiritualität her), die eine Krise des Sinnes des Lebens des Menschen auf diesem Planeten darstellt.

Der Geist ist jenes Moment des bewussten Lebens, durch das wir gewahr werden, dass wir einem größeren irdischen und kosmischen Ganzen angehören, dass wir dank einer mächtigen und liebevollen Energie da sind, die alle Dinge und auch uns selbst im Sein hält. Wir haben die besondere Fähigkeit, mit dieser Energie in Dialog treten zu können und uns ihr zu öffnen und damit einen größeren Sinn zu erkennen, der alles durchdringt und unseren Drang hin zum Unendlichen begründet. Das nennen wir eine Spiritualität pflegen.

Das Leben des Geistes und die Spiritualität (die die Neurologen den „Gottespunkt" im Gehirn nennen) sind aufgrund des ungezügelten Willens zur Akkumulation materieller Güter, zum Konsum, aufgrund von Egoismus und mangelnder Solidarität von Asche bedeckt.

Nach August 1945, als die USA zwei Atombomben auf Hiroshima und Nagasaki warfen, wurde uns bewusst, dass wir uns selbst vernichten können. Diese Gefahr wurde durch den Rüstungswettlauf noch größer, in den heute neun Länder involviert sind, die über chemische und biologische Kampfstoffe sowie etwa 16.000 Atomsprengköpfe verfügen. Der aktuelle Krieg zwischen Russland und der Ukraine (hinter dem die USA und die NATO im Kampf um die weltweite Hegemonie stehen) hat dazu geführt, dass Wladimir Putin mit dem Einsatz von Atomwaffen droht und die apokalyptische Angst vom Ende der Spezies Mensch heraufbeschwört.

Wie soll man innerhalb dieses Szenarios freudig das größte Fest der Christenheit, Ostern, die Auferstehung des gekreuzigten Jesus von Nazaret, feiern? Verstehen wir richtig, was Auferstehung meint: Sie ist nicht die Wiederbelebung eines Leichnams in der Erzählung von Lazarus. Paulus zufolge ist die Auferstehung das Hervorbrechen des *novissimus Adam* (1 Kor 15,45), des ganz und gar neuen Menschen, dessen unendliche in ihm verborgene Möglichkeiten (wir sind ein unendlicher Entwurf) nun voll und ganz konkrete Gestalt annehmen. Auf diese Weise gleicht sie einer Revolution innerhalb der Evolution, der Erfüllung des Prozesses der Hominisierung, einer Vorwegnahme des guten Endes des menschlichen Lebens. Der Auferstandene hat kosmische Dimension angenommen, er hat die Welt niemals verlassen und erfüllt das ganze Universum. Deshalb verkünden wir den kosmischen Christus, der allen Raum erfüllt und in unserer Geschichte gegenwärtig ist.

In diesem Sinne ist die Auferstehung nicht die Erinnerung an ein vergangenes Ereignis, sondern die Feier einer Gegenwart, die Freude und das in uns auslöst, was die Alten kaum kannten: das sanfte Lächeln in der Gewissheit, dass der von Jesus am Karfreitag getötete Tod nur ein Übergang zu einem Leben in Fülle, zu einem vom Tod befreiten und vollkommen verwirklichten Leben ist. Der dunkle Horizont hat sich gelichtet, und die Sonne der Hoffnung bricht herein.

In den Kategorien des kosmogenetischen Prozesses gedacht, der alles umfasst, befindet sich die Auferstehung nicht außerhalb dieses Prozesses. Im Gegenteil: Sie ist eine Emergenz, das Entstehen von etwas Neuem, innerhalb der Kosmogenese, und deshalb von universaler Bedeutung jenseits der existenziellen Glaubensentscheidung. Die Auferstehung ist die Synthese der Dialektik im Sinne des berühmten Dreischritts Hegels: Leben (These), Tod (Antithese) und Auferstehung (Synthese). Dies ist das Ziel von allem, das nun zu unserer Freude vorweggenommen wurde. Es ist die wahre Genesis, nicht des Anfangs, sondern des bereits erreichten Endes.

Ich stütze mich auf die Version des Markusevangeliums von der Auferstehung. Sie ist die wirklichkeitsgetreueste, denn sie vermittelt ein Bild von der Auferstehung nicht nur als einem göttlichen Ereignis, sondern einem immer noch in Gang befindlichen Prozess. Am Schluss seines Evangeliums lässt Markus den auferstandenen Jesus zu den Frauen sagen: „Geht und sagt den Jüngern und Petrus: Er [...] geht euch voraus nach Galiläa. Dort werdet ihr ihn sehen, wie er euch gesagt hat.“ (Mk 16,7)

Und das ist das Ende. Die Erzählungen von den Erscheinungen sind – so sagen es uns die Bibelwissenschaftler – spätere Hinzufügung. Das heißt: Wir alle sind auf dem Weg nach Galiläa, um dort dem Auferstandenen zu begegnen. Er ist als Person auferstanden, doch seine Auferstehung ist noch nicht vollendet, solange seine Brüder und Schwestern und die ganze Natur noch nicht auferstanden sind.

Wir sind auf dem Weg und werden vom bereits auferstandenen Jesus erwartet, doch er hat sich noch nicht ganz gezeigt. Deshalb macht die Welt allem Anschein nach und noch schlimmer als zuvor weiter mit Kriegen und kurzen Zeiten des Friedens, mit Güte und Bosheit, als ob es die Auferstehung als Zeichen der Überwindung dieser ambivalenten und zuweilen brutalen Wirklichkeit nicht gegeben hätte.

Doch nachdem Christus auferstanden ist, können wir nicht mehr traurig sein. Das gute Ende ist uns gesichert. Einer von uns, von unserem Fleisch, von unserem Geist, hat bereits, selbst wenn wir uns in unserer Verantwortungslosigkeit selbst vernichten, den höchsten und endgültigen Punkt erreicht: die heilige Menschheit unseres Bruders Jesus von Nazaret im Schoß der Dreieinigkeit.

Deshalb ist es immer angebracht, allen, die diesen Weg gehen können, aber auch allen, die dies aus so vielen Gründen nicht können, ein frohes Osterfest zu wünschen. Alleluja.

Zum Schluss: Wir werden im wohltuenden Licht der Sonne überleben

Auf unserer turbulenten Reise haben wir verschiedene Landschaften gesehen: einige verwüstet, andere wiederum strahlend schön. Sie waren Anlass für einen Pessimismus des Verstandes, der vom Optimismus des Willens überwunden wurde. Viele Weise verschiedenen Ursprungs haben uns erleuchtet. Wir haben sie in solcher Weise miteinander in Verbindung gebracht, dass sie uns stets entweder eine offene Frage oder eine Hoffnung auf eine Lösung hinterließen. Doch wir haben auch Wege aufgezeigt, die durchlaufen werden müssen, um uns zu einer höheren Ordnung hinzuführen, die es erstrebenswert macht, auf diesem kleinen und schönen Planeten zu leben.

Eine Sache muss indessen klargestellt werden: Diese Art von Welt, diese Art und Weise, auf der Erde zu wohnen, wie sie in den letzten beiden Jahrhunderten entwickelt wurde, kann nicht fortgesetzt werden. Es hat uns große Vorteile verschafft. Aber zugleich wurde ein unermesslich großer Graben zwischen Mensch und Natur sowie zwischen den Reichen und den Armen aufgerissen. Wenn wir dieser Logik weiter folgen, dann wird eine Erde entstehen, auf der niemand mehr wohnen kann. Sie wird unbewohnbar für die Menschen und für einen großen Teil der übrigen Natur.

Unser Schicksal liegt in unseren Händen. Die Lösungen fallen nicht vom Himmel. Wir werden sie erfinden müssen. Die Alternative für unser dauerhaftes Leben auf diesem Planeten hängt von unserem Willen und unserer Fähigkeit ab, den Paradigmenwechsel zu vollziehen: vom *dominus* zum *frater* (Bruder und Schwester). Entweder wir betrachten uns als Teil der Natur und empfinden uns als deren

Geschwister, die sich stets um sie kümmern, und als Geschwister untereinander und der ganzen Gemeinschaft des Lebens, oder wir pflastern den Weg hin zu einem düsteren Ende.

Vertrauen wir darauf und hoffen wir, hoffen und vertrauen wir auf die heiligen Worte eines Gottes, der keine seiner Kreaturen verlieren kann, die aus seiner Liebe hervorgegangen sind – eines Gottes, der sich als der „souveräne Liebhaber des Lebens“ erwiesen hat. Darin liegt unser Optimismus des Willens begründet: Er wird nicht zulassen, dass die Geschwister seines geliebten Sohnes, Jesus von Nazaret, der gestorben und auferstanden ist, ein so dramatisches Ende finden. Wir werden da sein, um zu strahlen, und wir werden in Freundschaft mit der Natur und untereinander unter dem wohltuenden Licht der Sonne und aller Sterne zusammenleben.

Literatur

Barrow, John D., Theorien für alles. Die philosophischen Ansätze der modernen Physik, Heidelberg 1992.

Bloch, Ernst, Das Prinzip Hoffnung. Bd. 3, Frankfurt a. M. 1969.

Boff, Leonardo, Achtsamkeit. Von der Notwendigkeit, unsere Haltung zu ändern, München 2013.

Boff, Leonardo, Der Heilige Geist. Feuer Gottes – Lebensquell – Vater der Armen, Freiburg i. Br. 2014.

Boff, Leonardo, Herzenssache. Warum uns die Vernunft allein nicht weiterbringt, Kevelaer 2016.

Boff, Leonardo, Die Kirche neu erfinden, Ostfildern 2011.

Boff, Leonardo, Die Suche nach dem rechten Maß. Wie der Planet Erde wieder ins Gleichgewicht kommt, Münster 2023.

Capra, Fritjof, Das Lebensnetz. Ein neues Verständnis der lebendigen Welt, Frankfurt a. M. 2015.

Duve, Christian de, Aus Staub geboren. Leben als kosmische Zwangsläufigkeit, Reinbek 1997.

Die Erd-Charta. Hg. von BUND und Ökumenische Initiative Eine Welt, Diemelstadt [4]2003.

Eyden, René J.A. van, Die Frau im Kirchenamt. Plädoyer für die Revision einer traditionellen Haltung, in: Wort und Wahrheit 22 (1967), 350–362.

Papst Franziskus, Enzyklika *Fratelli tutti* über die Geschwisterlichkeit und die soziale Freundschaft (Verlautbarungen des Apostolischen Stuhls, 227), Bonn 2020.

Papst Franziskus, Laudato si'. Über die Sorge für das gemeinsame Haus. Die Umwelt-Enzyklika mit Einführung und Themenschlüssel, Stuttgart 2015.

Hathaway, Mark / Boff, Leonardo, Die Weisheit des Kosmos. Ein zukunftweisendes Weltbild, Münster 2021.

Hawking, Stephen, Eine kurze Geschichte der Zeit. Die Suche nach der Urkraft des Universums, Reinbek 1988.

Hawking, Stephen, Das Universum in der Nussschale, München [3]2005.

Heidegger, Martin, Sein und Zeit, Tübingen 1979.

Hobsbawm, Eric, Das Zeitalter der Extreme. Weltgeschichte des 20. Jahrhunderts, München 1998.

Jacquard, Albert, Le compte à rebours a-t-il commencé?, Paris 2009.

Jonas, Hans, Das Prinzip Verantwortung, Frankfurt a. M. 2015.

Kant, Immanuel, Zum ewigen Frieden, Stuttgart 1984.

Kolbert, Elizabeth, Das sechste Sterben. Wie der Mensch Naturgeschichte schreibt, Frankfurt a. M. 2016.

Kolbert, Elizabeth, Wir Klimawandler. Wie der Mensch die Natur der Zukunft erschafft, Frankfurt a. M. 2921.

Lovelock, James, Gaias Rache. Warum die Erde sich wehrt, Berlin 2008.

Marx, Karl, Das Elend der Philosophie, in: MEW 4, 65–182.

Moni Bandeira, Luis Alberto, A desordem mundial. O espectro da total dominação, Rio de Janeiro 2016.

Monod, Théodore, Et si l'aventure humaine devait échouer?, Paris 2002.

Morin, Edgar, Das Rätsel des Humanen. Grundfragen einer neuen Anthropologie, München 1973.

Pascal, Blaise, Gedanken – Pensées. Vollständige Ausgabe, Wiesbaden 2017.

Rees, Martin, Unsere letzte Stunde. Warum die moderne Naturwissenschaft das Überleben der Menschheit bedroht, München 2003.

Saint-Exupéry, Antoine de, Gesammelte Schriften, Bd. 3, Düsseldorf 1959.

Salam, Abdus, Unification of Fundamental Forces, Cambridge 2005.

Schmitt, Claus, Der Begriff des Politischen. Synoptische Darstellung der Texte, Berlin 2018.

Thomas von Kempen, De imitatione Christi / Nachfolge Christi. Und vier andere Schriften. Lateinisch und Deutsch, München 1966.

Toynbee, Arnold J., Erlebnisse und Erfahrungen, München 1970.

Wernadski, Wladimir Iwanowitsch, The Biosphere, New York 1998 (1926).

Watson, James D., DNA. The Secret of Life, London 2003.

Wilson, Edward O., Die Zukunft des Lebens, Berlin 2002.

Wittgenstein, Ludwig, Tractatus logico-philosophicus, Frankfurt a. M. 1966.

Wittgenstein, Tractatus logico-philosophicus. Tagebücher 1914 – 1916: Philosophische Untersuchungen (Schriften), Frankfurt a. M. 1960.

Zoja, Luigi, Utopie minimaliste. Ecologia profunda, psicologia e società, Mailand 2021.

Theologie: Forschung und Wissenschaft

Leonardo Boff
Die Suche nach dem rechten Maß
Wie der Planet Erde wieder ins Gleichgewicht kommt. Übersetzung von Bruno Kern

Die ökologische Krise der Menschheit wird nur allzu oft auf ein rein technisches Problem reduziert. Ein möglichst rascher Ausbau der erneuerbaren Energien und intelligenter, effizienter Techniken wird als der Lösungsweg schlechthin angepriesen. Leonardo Boff plädiert dagegen für eine Rückkehr zum menschlichen Maß. Er knüpft an den reichen Schatz an mythologischen Erzählungen an, um zu zeigen, was sich hinter unserer Kultur der Maßlosigkeit verbirgt. Und er zeigt, aus welchen spirituellen Quellen eine „Kultur des Genug" schöpfen kann. Die deutsche Kirche hat bereits vor nahezu fünfzig Jahren im Synodenpapier „Unsere Hoffnung" von einer notwendigen „kollektiven Askese" gesprochen. Bruno Kern zeigt am Schluss des Bandes auf, wie das bei uns konkret umzusetzen wäre und wie die notwendige „industrielle Abrüstung" solidarisch gestaltet werden könnte.
Die ökologische Krise der Menschheit wird nur allzu oft auf ein rein technisches Problem reduziert. Ein möglichst rascher Ausbau der erneuerbaren Energien und intelligenter, effizienter Techniken wird als der Lösungsweg schlechthin angepriesen. Leonardo Boff plädiert dagegen für eine Rückkehr zum menschlichen Maß. Er knüpft an den reichen Schatz an mythologischen Erzählungen an, um zu zeigen, was sich hinter unserer Kultur der Maßlosigkeit verbirgt. Und er zeigt, aus welchen spirituellen Quellen eine „Kultur des Genug" schöpfen kann.
Bd. 71, 2023, 242 S., 29,90 €, br., ISBN 978-3-643-15387-6

LIT Verlag Berlin – Münster – Wien – Zürich – London
Auslieferung Deutschland / Österreich / Schweiz: siehe Impressumsseite

Red Guide

Leonardo Boff
Jesus und sein Abba
Eine kleine Christologie. Übersetzung von Bruno Kern
Für Christinnen und Christen ist das Bekenntnis zu Jesus, dem Christus, zentral. Wer Gott ist, gewinnt in seinem Tun und Schicksal Eindeutigkeit: Der Ursprungsquell allen Seins ist bedingungslose Liebe und grenzenlose Barmherzigkeit, sodass ihn Jesus zärtlich Abba, lieber Papa, nennen kann. Doch wie kann dieses Bekenntnis heute so formuliert werden, dass andere Religionen nicht diskriminiert werden? Wie kann man sich auf der Höhe der heutigen Naturwissenschaften zum „kosmischen Christus" bekennen? In Auseinandersetzung mit der neuen Kosmologie entwirft Boff einen zeitgemäßen Zugang zum christologischen Bekenntnis.
Bd. 20, 2023, 138 S., 19,90 €, br., ISBN 978-3-643-15455-2

LIT Verlag Berlin – Münster – Wien – Zürich – London
Auslieferung Deutschland / Österreich / Schweiz: siehe Impressumsseite

Religion – Geschichte – Gesellschaft
Fundamentaltheologische Studien
begründet von Prof. Dr. Dr. Johann Baptist Metz (†), Prof. Dr. Jürgen Werbick,
Prof. Dr. Johann Reikerstorfer
hrsg. von Prof. Dr. Ulrich Engel OP (Institut M.-Dominique Chenu, Berlin), Prof. Dr. Judith Gruber (KU Leuven), Dr. Michael Hoelzl (University of Manchester)

Leonardo Boff
Gottes Leidenschaft mit den Armen – Der Gott der kleinen Leute
Zwischenbilanz 50 Jahre Theologie der Befreiung. Deutsche Übersetzung Bruno Kern. Mit einem Vorwort von Jürgen Moltmann
Bd. 55, 2021, 108 S., 19,90 €, br., ISBN-CH 978-3-643-91307-4

Hans-Gerd Janßen; Julia D. E. Prinz; Michael J. Rainer (Hrsg..)
Theologie in gefährdeter Zeit
Stichworte von nahen und fernen Weggefährten für Johann Baptist Metz zum 90. Geburtstag
Bd. 50, 2. Aufl. 2019, 600 S., 39,90 €, br., ISBN 978-3-643-14106-4

LIT Verlag Berlin – Münster – Wien – Zürich – London
Auslieferung Deutschland / Österreich / Schweiz: siehe Impressumsseite

Theologie: Forschung und Wissenschaft

Leonardo Boff
Das Stöhnen der Erde: Geburtswehen einer neuen Welt
Kein Zweifel: Die Erde befindet sich in einer schweren Krise. Die Erschöpfung der Ökosysteme, Pandemien wie Covid-19, ein tiefes Misstrauen gegenüber der Demokratie, eine weltweite Konjunktur autoritärer Regime und ein brutaler Neoliberalismus sind die Krankheitssymptome des „Anthropozäns“. Sie sind aber nicht notwendig Vorboten des Endes unserer Zivilisation, sondern können als die Geburtswehen eines neuen Erdzeitalters, des „Ökozäns“, begriffen werden. Ob dieser Übergang gelingt, hängt nicht zuletzt von einer kosmischen Spiritualität ab, die Boff hier in ihren Grundzügen skizziert.
Bd. 70, 2022, 304 S., 24,90 €, br., ISBN 978-3-643-15051-6

Mark Hathaway; Leonardo Boff
Die Weisheit des Kosmos
Ein zukunftweisendes Weltbild. Mit einem Vorwort von Fritjof Capra
Zum ersten Mal liegt hier das preisgekrönte Grundlagenwerk der Ökotheologie der Befreiung ungekürzt auf Deutsch vor. Im Anschluss an die neuen Entwicklungen in der Physik, der Biologie und den Naturwissenschaften insgesamt entwickeln die beiden Autoren ein faszinierendes neues Weltbild. Sie zeigen, dass die Entwicklung des Kosmos selbst einen tiefen Sinn offenbart, der unserem Handeln angesichts der ökologischen Krise erst ein tragfähiges Fundament verleiht.
„Boff und Hathaway leisten hier eine großartige Synthese von Befreiungstheologie und Schöpfungsspiritualität.“ (Matthew Fox)
Bd. 67, 2021, 586 S., 49,90 €, br., ISBN 978-3-643-91328-9

Leonardo Boff
Traum von einer neuen Erde – Bilanz eines theologischen Lebens
Deutsche Übersetzung: Bruno Kern
„‚Ich habe einen Traum … ‘Diese Worte aus der berühmten Rede, die Martin Luther King (1929 – 1968) kurz vor seinem Tod gehalten hat, kommen mir nun in den Sinn, da ich über achtzig Jahre alt und seit mehr als fünfzig Jahren Theologe bin. Ich blicke nun auf meine Zeit als Theologe zurück, die ich in diesem kleinen Buch darstellen will, doch meine Gedanken sind bei den jungen Leuten und mein Geist ist der Ewigkeit zugewandt.“
So beginnt Leonardo Boff selbst diese kleine Bilanz seines Lebens und Wirkens als Theologe. Seine Beiträge zur Systematischen Theologie, zur Trinitätslehre, zur Christologie, zur Pneumatologie und zur Ekklesiologie, waren teilweise heftig umstritten, aber immer höchst fruchtbar und anregend. Boffs Verdienst ist es aber vor allem, die Befreiungstheologie konsequent zu einer Ökotheologie der Befreiung weiterentwickelt zu haben. Im Gespräch mit der neuen Kosmologie, der Quantenphysik, der Tiefenökologie, etc. entfaltet er hier ein neues Paradigma für die Theologie auf der Höhe der Zeit. Diese kleine Summe von Boffs theologischem Denken ist zugleich eine zutiefst spirituelle Lektüre.
Bd. 64, 2019, 212 S., 19,90 €, br., ISBN-CH 978-3-643-91113-1

LIT Verlag Berlin – Münster – Wien – Zürich – London
Auslieferung Deutschland / Österreich / Schweiz: siehe Impressumsseite